MW01705955

xibilité
985(πr2)+(635)
can't wait to

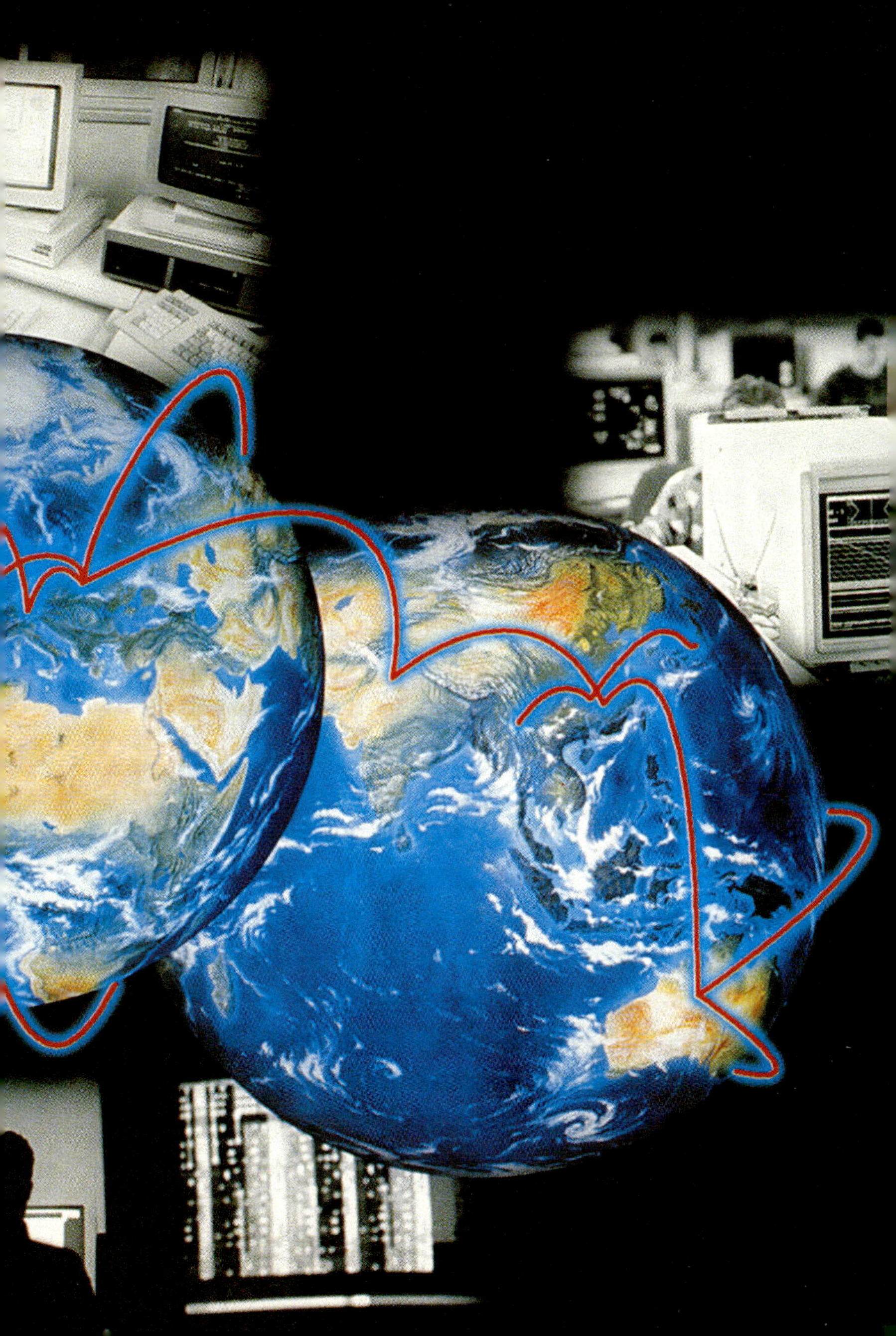

Jean-Claude Guédon est professeur titulaire en littérature comparée de l'université de Montréal. Fondateur et directeur de *Surfaces*, la première revue électronique universitaire canadienne, il est également membre du collège scientifique de REFER (réseau électronique francophone pour l'enseignement et la recherche) de l'AUPELF-UREF (Association des universités de langues françaises), et co-président du programme scientifique d'Inet' 96 (les congrès Inet sont les réunions annuelles de l'Internet Society). Il a publié une vingtaine d'articles consacrés à l'Internet dans divers revues et ouvrages en France, au Canada et aux Etats-Unis.

A la mémoire de Louise, mon in-finie
A Alexandre, internaute en herbe

Tous droits de traduction et d'adaptation réservés pour tous pays
© Gallimard 1996

Dépôt légal : mars 1996
Numéro d'édition : 74424
ISBN : 2-07-053349-2
Imprimé en Italie

LA PLANÈTE CYBER
INTERNET ET CYBERESPACE

Jean-Claude Guédon

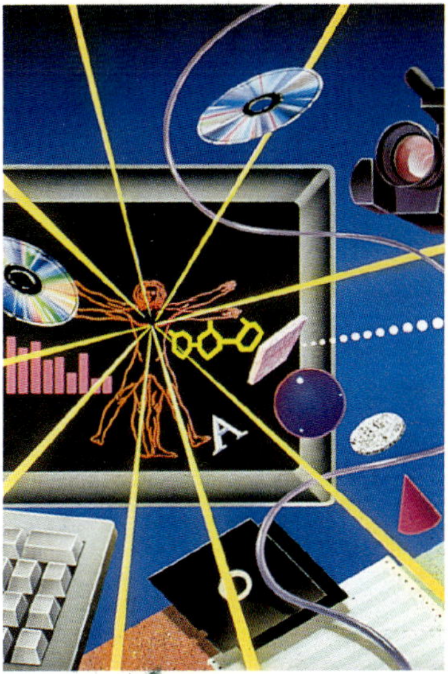

A mon très cher Jean-Christophe

Avec tout l'amour de ton Papa. Que ce petit livre t'inspire un peu.

[illegible] Papa

DÉCOUVERTES GALLIMARD
TECHNIQUES

T11121
Set of
3 Porcelain
Dogs
RRP
£20.97
QVC PRICE
£16.99
P&P £1.50
QVC
0800 50 40 30
Collectables
BRAVO
We will return at Midday
mdr

L'avènement des «autoroutes de l'information» s'effectue à l'ombre d'une gigantesque confusion. De tous côtés tombe l'affirmation que nous appartenons désormais à l'ère de l'information. Lors du lancement de la National Information Infrastructure (NII) aux Etats-Unis en 1993, le ton a été donné. Le monde entier a suivi quand le vice-président des Etats-Unis, Al Gore, a invité l'humanité à se consacrer à la Global Information Infrastructure (GII). Mais s'agit-il bien d'information? Que dire de la communication?

CHAPITRE PREMIER
COMMUNICATION ET INFORMATION

L'information a été fortement renforcée par la présence de la télévision. Les réseaux d'ordinateurs donnent une nouvelle chance à la communication. D'abord nationaux (ci-contre la NII), ils vont s'étendre sur toute la planète.

L'information et la communication sont-elles la même chose?

Que dire du flottement incessant entre information et communication? Synonymie approximative? Complémentarité incontournable? Aveu mal déguisé d'incompréhension profonde? Glissement savamment entretenu pour mieux servir tel ou tel intérêt? La réponse n'est pas simple mais comprendre le phénomène Internet, c'est aussi commencer à débrouiller l'écheveau.

Quelques balises d'abord. Par le regard, le geste, la voix et finalement la parole, les êtres humains ont graduellement appris à faire circuler des messages entre eux. Dans le dialogue, le partage et l'échange dominent; en revanche, dans le discours, une personne sélectionne, met en ordre et diffuse un ensemble de messages à tout un groupe. Dans les cas où partage et échange dominent, disons qu'un processus de communication est à l'œuvre. Pour les cas où un individu s'adresse à un groupe, une foule, réservons le terme d'information. La distinction, pour inhabituelle qu'elle puisse paraître aux yeux

Longtemps, les cultures ont été à prédominance orale, et c'est encore le cas dans certaines parties du monde, en particulier en Afrique (ci-dessus, une danse rituelle en Côte-d'Ivoire). Mais culture orale ne veut pas nécessairement dire culture fondée d'abord sur l'échange et le partage des messages. Si la voix se prête parfaitement bien à la communication, elle peut aussi se trouver enserrée dans des rites et des règles qui jouent dans le sens de l'autorité. Modes de prononciation, règles d'adresse constituent autant de moyens de mettre la voix au service des hiérarchies et de reconduire les rapports de pouvoir.

des spécialistes de la communication, permet une évaluation originale de technologies diverses, tels l'imprimé, la radio, la télévision ou les réseaux électroniques planétaires comme l'Internet. Sans sombrer dans le piège du déterminisme technologique qui relie le moulin à vent au féodalisme et la machine à vapeur au capitalisme, et sans donc prêter des vertus démocratiques ou des vices tyranniques à telle ou telle technologie, chacune d'entre elles peut néanmoins avantager la communication ou l'information.

L'acte de parole : information ou communication?

La parole illustre bien le propos. Sa genèse, à jamais mystérieuse, répond probablement à divers besoins, mais ce corrélat incontournable de l'humanité paraît, au premier abord, relever de la communication. Or, poésie et musique, rimes, rythmes et sonorités témoignent de cette autre dimension, l'information, que la parole abrite également. Chanter l'*Iliade*, par exemple, c'est se faire responsable d'une mémoire

Les origines des langues demeurent mystérieuses, mais la fiction use parfois de ses privilèges pour spéculer sur la question. Ainsi, cette scène tirée d'un film mettant en scène des hommes préhistoriques tente de tirer profit de l'hypothèse que le geste et, bien entendu, les mains, ont agi comme les prototypes de la création des premiers signes et sont donc les premiers actes de la communication. Ce qui distingue l'être humain des autres espèces, c'est que son langage, par sa fonction de mémoire à partir d'un certain niveau de complexité, a, pourrait-on dire, agi comme une génétique au second degré et, par là, est intervenu dans le processus même de l'évolution.

collective et c'est remplacer le dialogue partagé par un rapport qui vise plus, selon les définitions suggérées ici, l'information que la communication. En effet, la répétition contribue à graver les énoncés dans la mémoire, à informer celle-ci, au sens fort et philosophique du terme. Chaque individu voit dès lors sa capacité à communiquer enserrée dans les rets de formules reçues, prières, aphorismes et autres proverbes. Reste alors à assurer la diffusion et la répétition de ces messages et l'emprise de l'information sur la communication.

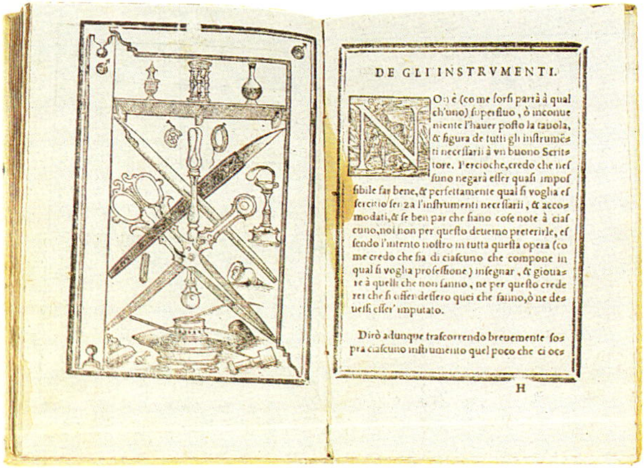

DE GLI INSTRVMENTI.

NOn è (come forsi parrà à qualch'uno) superfluo, ò inconueniente l'hauer posto la tauola, & figura de tutti gli instrumenti necessarii à vn buono Scrittore. Percioche, credo che nessuno negarà esser quasi impossibile far bene, & perfettamente qual si voglia essercitio senza l'instrumenti necessarii, & accomodati, & se ben par che siano cose note à ciascuno, noi non per questo deuemo preterirle, essendo l'intento nostro in tutta questa opera (come credo che sia di ciascuno che compone in qual si voglia professione) insegnar, & giouare à quelli che non sanno, ne per questo crederei che si offendessero quei che sanno, ò ne deuessi esser' imputato.

Dirò adunque trascorrendo breuemente sopra ciascuno instrumento quel poco che ci oc-

H

Depuis l'avènement de l'imprimerie au XVe siècle (ci-contre, un incunable) jusqu'à récemment, l'écrit sur papier a dominé la planète. Parallèlement, l'imprimé a contribué à renforcer le statut de l'individu (par le truchement du sujet auteur), ouvrant ainsi la porte à de nouvelles notions d'égalité et de propriété. L'emprise du pouvoir sur la société dut composer avec la présence de l'imprimé car celui-ci est à la fois soutien et subversion du pouvoir.

La hiérarchie catholique, avec ses canaux de transmission solides et son implantation générale, offre, du pape au fidèle, le spectacle d'un système centralisé de «télé-diffusion» d'une grande efficacité. Appuyés sur l'imprimé, puis la radio et la télévision, politique et publicité ont banalisé le dispositif religieux.

Détournements, retournements

Servant tantôt la communication, tantôt l'information, la parole n'est pourtant jamais à la solde exclusive du pouvoir en place. Ainsi réunir une foule sur une place et la haranguer constitue un puissant instrument d'information qui a été fréquemment mobilisé dans l'histoire. Pour autant,

l'instrument conserve un certain degré de réversibilité. Les grands rassemblements populaires à Nuremberg dans les années 1930 ont bien joué leur rôle d'information pour Hitler; en revanche, la foule convoquée par Ceaucescu à Bucarest en 1989 s'est retournée contre lui. Le léger coefficient d'interactivité qui subsiste au cœur de ce dispositif d'information semble ne pas pouvoir être totalement jugulé par un assemblage de haut-parleurs, si bien nommés, et d'armes.

La multiplication des moyens de diffusion de masse, que ce soit le cinéma (à gauche, les Actualités Gaumont), la radio (ci-dessous, l'utilisation de ce médium par Hitler) ou la télévision, a contribué à renforcer fortement la dimension de l'information dans les sociétés du XXe siècle, au détriment de la communication.

Le téléphone illustre également cette idée. Il apparut d'abord comme instrument de diffusion, d'abord de pièces de théâtre à l'Exposition universelle de Paris en 1889, ensuite de programmes divers, nouvelles et variétés, à Budapest avant la guerre de 1914-1918. Dans tous les cas, il s'agit d'information *stricto sensu*. La fonction de communication de cet instrument ne s'affirma que progressivement, suivant en gros la croissance conjuguée des réseaux et surtout les possibilités de la commutation. Péché grave aux yeux de certains gouvernements pour lesquels la distinction entre comploter et communiquer n'est pas toujours claire. Ainsi, en France, l'implantation du téléphone en province demeura-t-elle un temps privilège de médecin, d'instituteur et de quelques autres professions dignes de confiance. Dans l'ex-URSS, les annuaires téléphoniques étaient rares, voire

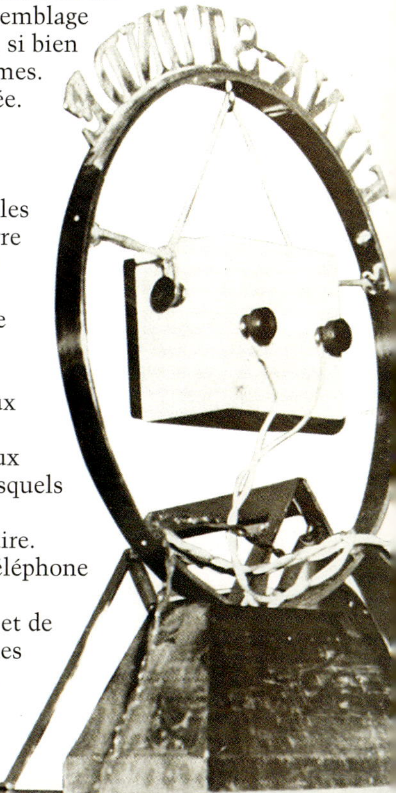

Droits de l'abonné.

ART. 2.

L'abonnement confère à l'abonné ou à ses successeurs le droit de correspondre au moyen de son poste téléphonique avec tous les abonnés du même réseau.

Ce droit ne peut être exercé que par le titulaire de l'abonnement, ses employés et les personnes habitant avec lui.

Les personnes fréquentant un cercle ou établissement public peuvent faire usage de l'appareil téléphonique dont il est pourvu, mais à la condition de ne payer aucune redevance au titulaire de l'abonnement.

Droits de l'État.

ART. 16.

L'État n'est soumis à aucune responsabilité à raison du service de la correspondance privée par voie téléphonique.

Toute exécution de travaux, qui ne serait pas nécessitée par une faute imputable à l'abonné et aurait pour conséquence une interruption du service de plus de quinze jours, entraînerait une diminution correspondante dans le montant semestriel d'abonnement.

Le téléphone, d'abord conçu comme un moyen de transmission d'informations diverses, s'est vite avéré un instrument puissant, mais aussi potentiellement dangereux, de communication, parce qu'en principe, incontrôlable par les gouvernements. Les premiers règlements régissant le téléphone à la fin du XIXe siècle rappellent ces faits en spécifiant, avec un luxe de détails, les devoirs réciproques de l'abonné et de l'Etat dans ce domaine.

inexistants, manière discrète mais efficace de limiter considérablement la portée de l'instrument.

Par contraste, radio, cinéma et télévision ont été spontanément choyés par les gouvernements et le grand capital du monde entier. Le coût même des investissements nécessaires facilite l'établissement de monopoles étatiques ou économiques. Aisément centralisées, ces technologies favorisent largement l'information dirigée. La propagande moderne et la vie politique, de Goebbels à F. D. Roosevelt, se sont largement emparées d'outils remarquablement aptes à modeler la pensée de populations entières pour mieux les contrôler, les manipuler ou, dans le meilleur des cas, les persuader. Autre variation sur le même thème, la poste. Cet exemple illustre la tendance à l'élargissement progressif des catégories d'utilisateurs qui affecte les moyens de communication. Conçue à l'origine pour permettre un meilleur contact entre les princes et minimiser ainsi les risques de conflits, la poste fut rapidement «piratée». Aux côtés des dépêches officielles se multipliaient les missives privées. Ainsi est née la République des Lettres, république d'autant plus inédite qu'elle était plantée au cœur de toutes les royautés.

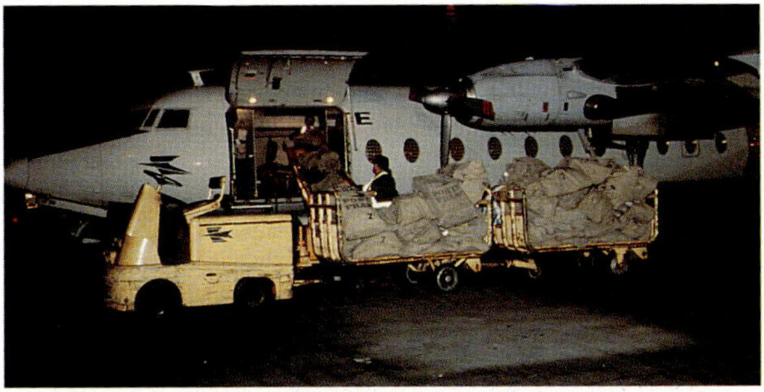

De la poste au câble, l'enjeu a toujours été de maîtriser un système permettant à chacun de communiquer librement avec n'importe qui en toute confidentialité. Cette victoire, apparemment minuscule, constitue probablement la meilleure garantie de survie de la communication.
En haut, un avion de l'aéropostale, en bas, la pose de câbles de fibre optique entre Marseille et la Corse.

Détournements, retournements, tels sont les termes qui accompagnent l'histoire des technologies d'«info-communication». Les tribulations du couple information-communication prennent d'ailleurs l'allure d'un leitmotiv et l'Internet, à cet égard, ne constitue qu'un nouvel épisode de ce feuilleton interminable. Mais ces péripéties prennent un sens, celui d'une humanité en quête d'elle-même.

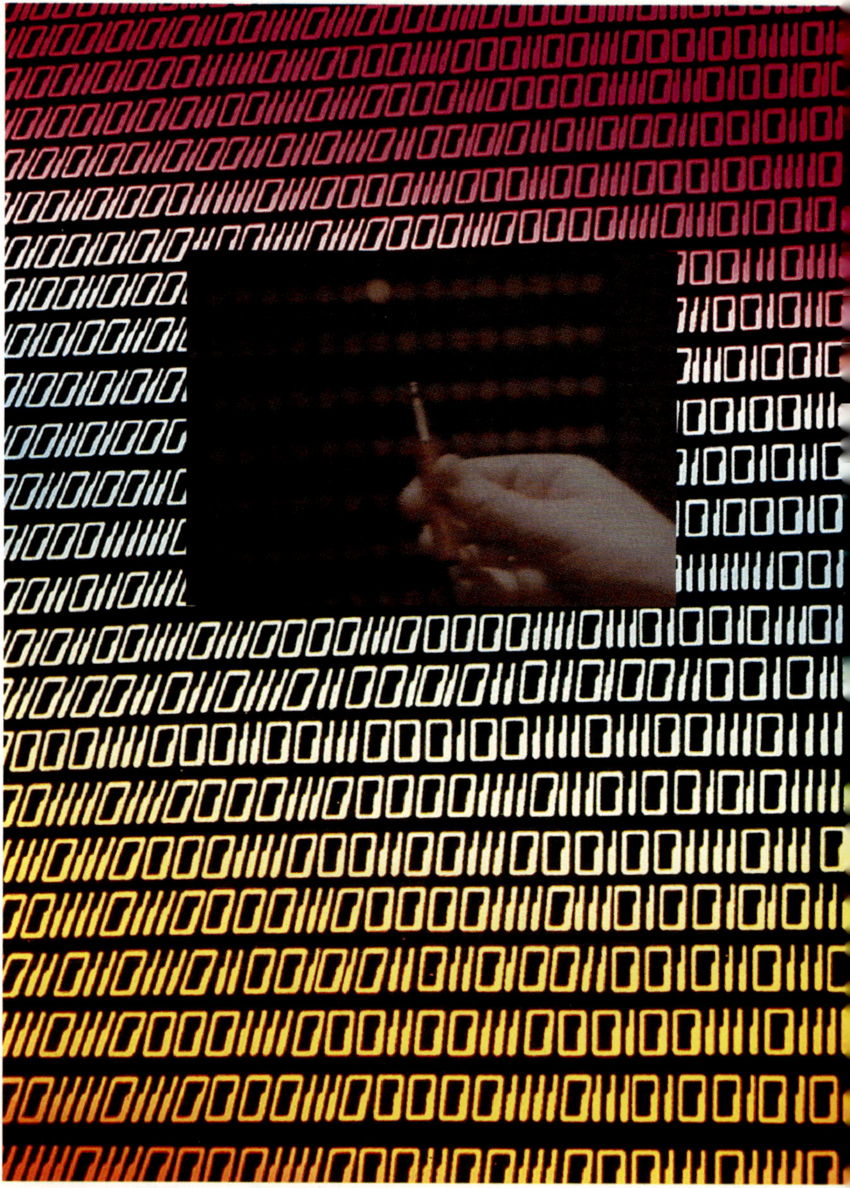

Dans le monde analogique, un phénomène physique en traduit un autre, et le trahit un peu aussi. Dans le monde numérique, la reproduction des sons et des images peut être aussi fidèle qu'on le veut. Depuis une trentaine d'années, les laboratoires d'abord, puis les grandes entreprises nous ont arrachés à ce mode analogique pour nous faire entrer dans l'univers numérique. Avec d'importantes conséquences.

CHAPITRE II

LES PERSPECTIVES ILLIMITÉES DE LA NUMÉRISATION

La numérisation envahit tout, jusqu'au vieux système de commutation téléphonique par fiches (à gauche). C'est elle aussi qui permet à un CD-ROM de la taille d'un CD classique de contenir 200 à 300 ouvrages, offrant ainsi un support idéal pour les encyclopédies, comme l'*Universalis*.

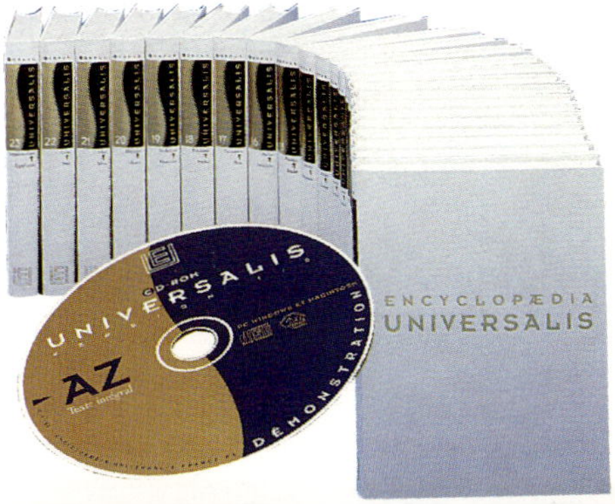

La numérisation : la traduction de tout en 0 et 1

Les ordinateurs n'écrivent qu'avec ces deux chiffres correspondant aux valeurs négatives et positives des charges électriques. Tous les nombres de notre numération décimale familière peuvent ainsi se réécrire avec seulement des 0 et des 1.

L'étape suivante consiste à coder les lettres avec des nombres écrits en binaire, à la manière dont tous les enfants rédigent des messages secrets. L'histoire a voulu que l'on choisisse des nombres de sept chiffres, ce qui permettait 128 combinaisons de 0 et de 1 ($2^7 = 128$), système qui correspond à l'American Standard Code for Information Interchange (ASCII). S'il comprend majuscules et minuscules, ainsi que les signes de ponctuations et divers symboles comme le $ (il s'agit d'un code initialement conçu par des Américains pour des Américains), ce code néglige en revanche les accents qu'utilisent la plupart des langues européennes.

Décimal		Binaire			
10	1	8	4	2	1
	0				0
	1				1
	2			1	0
	3			1	1
	4		1	0	0
	5		1	0	1
	6		1	1	0
	7		1	1	1
	8	1	0	0	0
	9	1	0	0	1
1	0	1	0	1	0

Un bit (unité fondamentale d'écriture électronique) ne peut valoir que 1 ou 0 et offre donc deux possibilités. Deux bits en offrent quatre (2x2 ou 2^2), et ainsi de suite. La pensée binaire est bien antérieure à l'électronique : ainsi, l'écriture braille des aveugles repose-t-elle sur un système binaire de «points saillants». Vers 1960, on n'utilisait que les 7 bits d'un octet (de 8 bits) pour coder un signe (le 8e validait l'octet). L'ASCII, créé en 1963 sur la base des 7 bits, perpétue une limite aujourd'hui désuète. La chaîne de montage ci-dessus montre comment chaque lettre est transformée tour à tour en une suite de 0 et de 1 selon les règles d'un code analogue au tableau ci-contre. L'extension à 8 bits, ou ASCII étendu, permet d'ajouter les accents de diverses langues européennes.

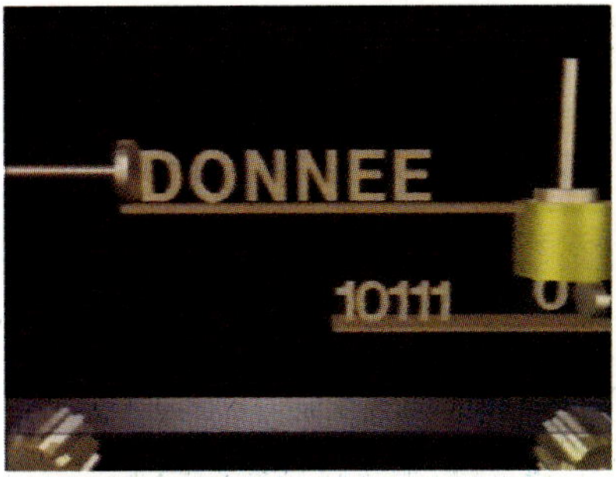

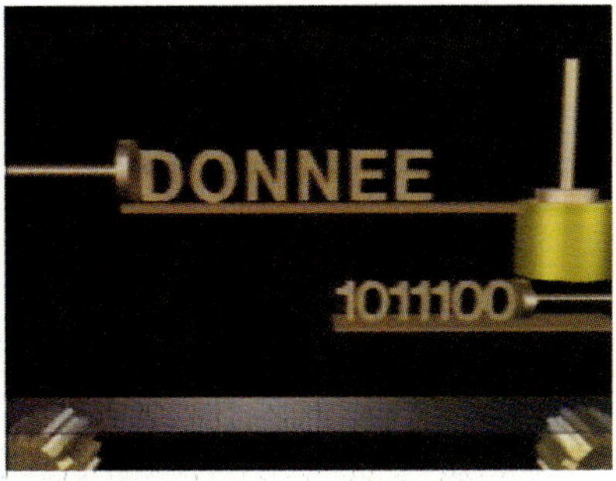

Du même mouvement, textes, images et sons appartiennent désormais à une seule grande famille. Numérisés, la télévision, la radio, le cinéma et l'informatique convergent en un ensemble unifié. La valse-hésitation entre compagnies de câblo-distribution et de téléphones, éditeurs et studios de cinéma, dont nous entretient périodiquement la presse, reflète en termes financiers cette logique technologique qui les force à s'allier (ou à se concurrencer) partout.

Son analogique

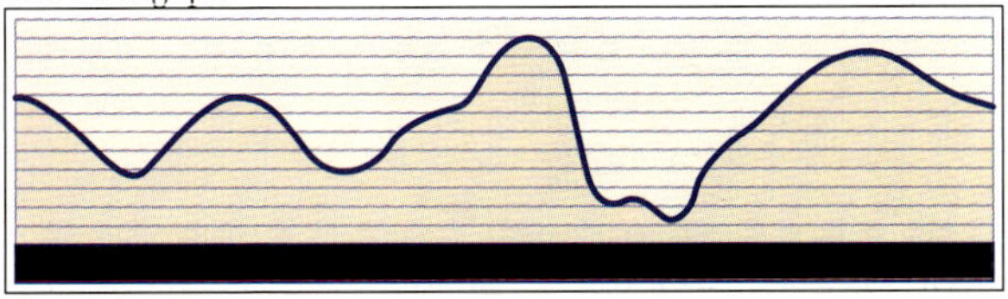

Numérisation

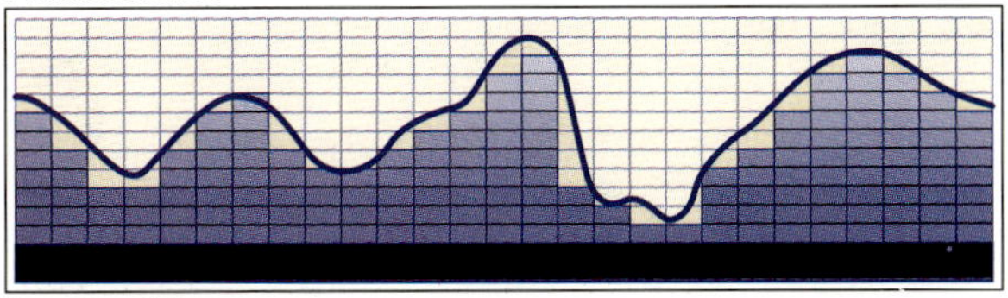

Son numérique

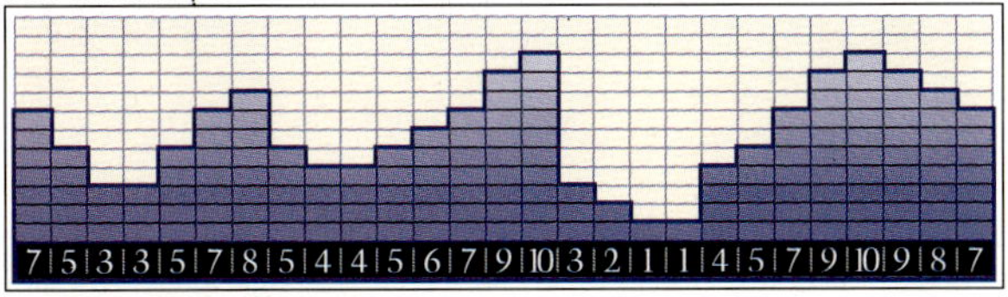

Un son peut se représenter par une courbe (ci-dessous) qui relie l'intensité au temps. On peut construire une approximation de cette courbe par de petits rectangles (au milieu). La hauteur de chaque rectangle mesure à peu près la hauteur de la courbe du son. On la traduit en 0 et en 1, puis on peut ainsi reconstruire une courbe proche de celle d'origine. Le nombre de petits rectangles utilisés correspond à l'«échantillonnage» de la courbe. Plus ce dernier est poussé, plus fidèle sera la qualité du son reconstruit, mais il faudra aussi plus de 0 et de 1. Un CD de haute-fidélité repose sur 44 100 échantillons par seconde. D'où la grande taille des fichiers de sons en informatique. Pour «comprimer» ces fichiers, on utilise des formules mathématiques qui tirent avantage de toutes les répétitions et redondances possibles.

Une nouvelle assise pour la culture contemporaine

De tels bouleversements techniques modifient forcément la vie culturelle en profondeur. Déjà le CD-ROM s'impose comme support compact et peu coûteux de l'information. Et du même coup, de nouvelles possibilités s'ouvrent. Une encyclopédie numérisée peut être explorée par rubriques, mais aussi plus finement, en recherchant par exemple les

Image — Pixelisation — Codage des pixels — Loupe sur l'image

occurrences d'un seul mot. Au début des années 1990, la compagnie Microsoft avait vanté les mérites du CD-ROM en le qualifiant de nouveau papyrus et depuis elle a lancé, sur ce support, sa propre encyclopédie, *Encarta*. D'autres éditeurs ont suivi, de l'*Encyclopædia Britannica* à l'*Encyclopédie Universalis* et des cours universitaires complets sont également diffusés par CD-ROM, par exemple en anatomie.

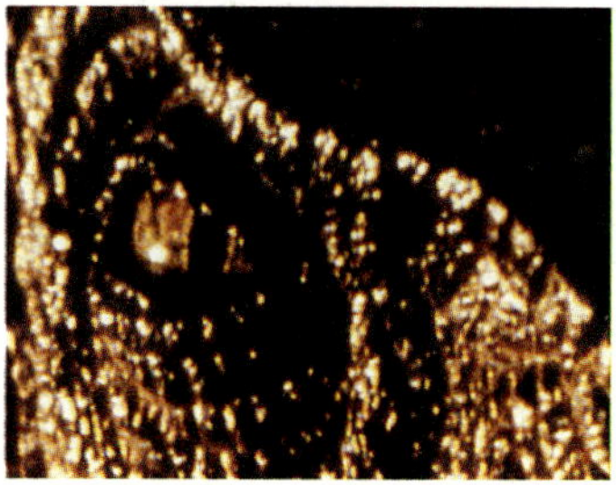

Le CD-ROM a aussi beaucoup profité de la popularité croissante de jeux interactifs, tel *Myst*, qui se faisaient valoir par leurs qualités graphiques. Technologie certainement transitoire, il n'en constitue pas moins le passage à peu près obligatoire vers l'environnement numérique.

Fondamentalement, la numérisation se présente comme l'assise générale des civilisations

L'image numérique, comme l'image analogique, repose sur une division de sa surface en très petits rectangles nommés «pixels» («*picture elements*»). Ensuite, on établit pour chaque pixel une correspondance entre chaque zone du spectre des couleurs et une valeur numérique binaire. Avec un octet, on dispose de 256 combinaisons pour représenter le spectre, ce qui est relativement limité. Avec 24 bits, on dispose de millions de couleurs. D'où la possibilité de construire des images de synthèse, ci-contre un «dinosaure» de *Jurassic Park*.

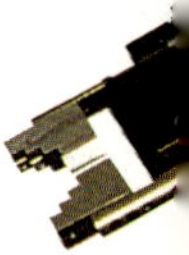

La numérisation envahit tous les domaines. Ainsi les mouvements d'un ouvrier sur une machine-outil sont enregistrés sous forme de courbes. Celles-ci sont échantillonnées, puis numérisées. Une deuxième génération de ces machines a permis la synthèse directe de mouvements trop complexes pour un usinage conduit par la main humaine. Ici les machines-outils numériques de l'usine automobile Rover.

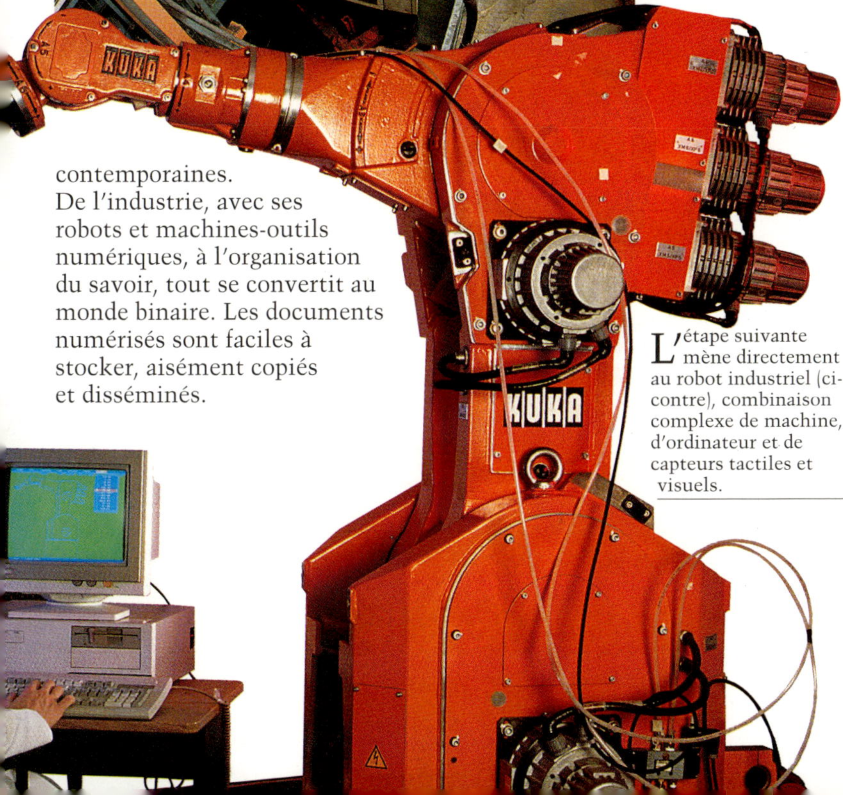

contemporaines.
De l'industrie, avec ses robots et machines-outils numériques, à l'organisation du savoir, tout se convertit au monde binaire. Les documents numérisés sont faciles à stocker, aisément copiés et disséminés.

L'étape suivante mène directement au robot industriel (ci-contre), combinaison complexe de machine, d'ordinateur et de capteurs tactiles et visuels.

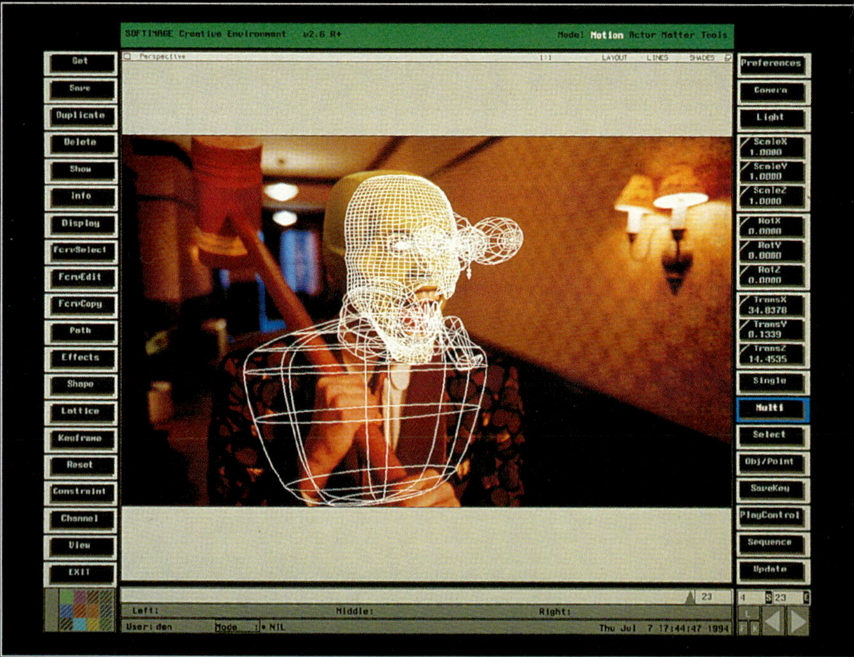
SOFTIMAGE Creative Environment v2.6.R+
Model Motion Actor Matter Tools
Perspective
LAYOUT LINES SHADES
Get
Save
Duplicate
Delete
Show
Info
Display
FcrvSelect
FcrvEdit
FcrvCopy
Path
Effects
Shape
Lattice
Keyframe
Reset
Constraint
Channel
View
EXIT
Preferences
Camera
Light
ScaleX 1.0000
ScaleY 1.0000
ScaleZ 1.0000
RotX 0.0000
RotY 0.0000
RotZ 0.0000
TransX 34.8378
TransY 0.1339
TransZ 14.4535
Single
Multi
Select
Obj/Point
SaveKey
PlayControl
Sequence
Update
Left:
Middle:
Right:
User: dan
Mode
NIL
Thu Jul 7 17:44:47 1994

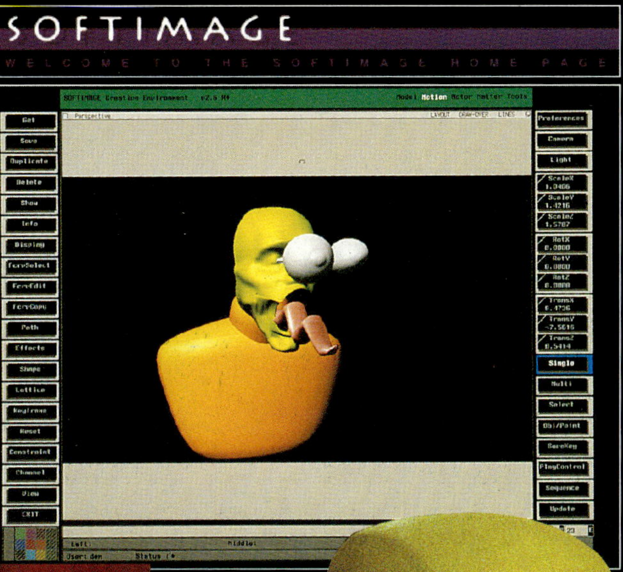

Un monde virtuel

L'image numérique a d'abord cherché à reproduire la réalité, tout comme, en chimie, les premières molécules de synthèse ont cherché à imiter les corps naturels. Puis avec l'expérience, on a synthétisé des matières plastiques. De la même manière, les images numériques, comme celles du film *The Mask* (ci-contre), visent des effets visuels plutôt que la reproduction du réel. Elles quittent progressivement le domaine des effets spéciaux pour rejoindre celui des mondes virtuels.

MYST
PC CD ROM
BRODERBUND

FADE TO BLACK
PC CD ROM
DELPHINE SOFTWARE

Des CD-ROM pour jouer

La grande capacité de stockage – environ 650 mégaoctets – son encombrement minime et son coût relativement bas font du CD-ROM un support idéal pour l'information et la communication. Souvent lent, le CD-ROM permet pourtant de diffuser des jeux interactifs en offrant des graphismes de haute qualité, ce qui les démarque nettement des jeux vidéos sur la télévision (en bas). Les jeux *Myst* (page de gauche) et *SimCity* (ci-contre) ont fait date en proposant des situations sans violence, doublées d'une réelle esthétique dans le premier cas et de beaucoup d'intelligence. Mais, il s'agit d'exceptions. Généralement les scénarios s'avèrent plus banals, par exemple des courses automobiles (ci-contre) ou encore des jeux violents et même pornographiques.

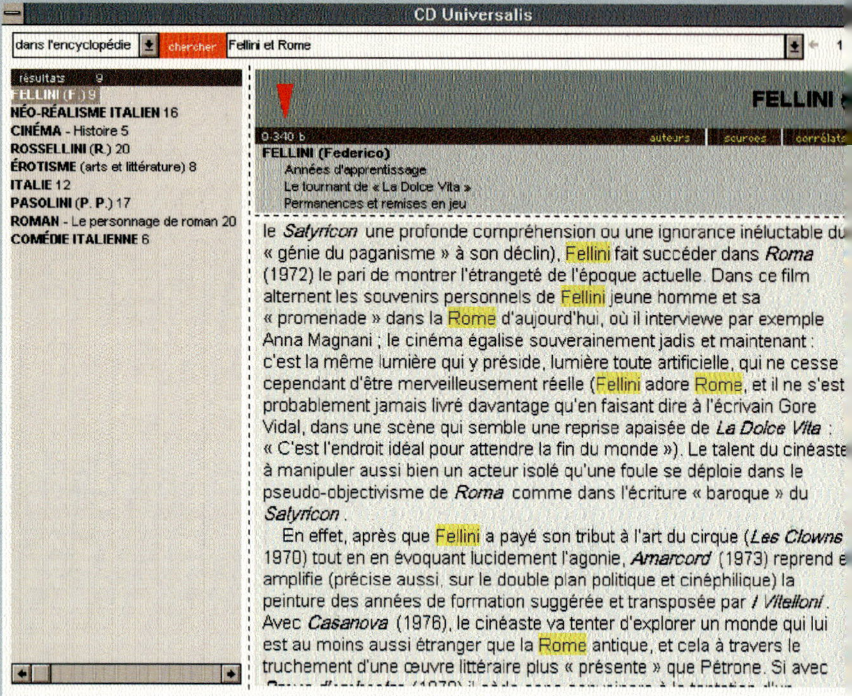

CD-Universalis

Eduquer

Le CD-ROM s'est imposé comme médium de choix pour les encyclopédies. Ainsi que le montrent *Encarta* (ci-contre) et *Universalis* (à gauche) ce support numérique incorpore sons et séquences animées. *Encarta* offre en outre des graphiques (*charts*) et des cartes (*maps*) (ci-contre). La numérisation des documents permet de construire un système de renvois (indiqués dans le texte d'*Universalis* par des italiques). En cliquant sur le mot, on bascule immédiatement vers l'article correspondant. Parallèlement, grâce au CD-ROM, on peut visiter les salles d'un musée, d'une exposition ou de collections comme celle de la Fondation Barnes (ci-dessous).

Ils apparaissent de plus en plus comme des concurrents de la photographie, du film, de la vidéo et, bien entendu, de l'imprimé. Ce dernier ne disparaîtra certes pas, mais il sera probablement décentré par le document numérisé de la même façon qu'il a lui-même contribué à décentrer le manuscrit il y a cinq siècles. Le sort de l'imprimé n'est pas anodin car il ne s'agit pas simplement de la substitution d'une technologie à une autre. L'imprimé a discrètement, mais efficacement, contribué à fixer l'orthographe et la ponctuation; il a favorisé la lecture silencieuse et ouvert la voie à l'idée d'une éducation universelle. Il a également favorisé l'émergence de la notion d'auteur, ainsi que celle de ses «droits». En revanche, l'intégration d'illustrations dans les textes s'est toujours avérée complexe et coûteuse au point que des genres entiers, à l'instar de l'essai ou du roman, s'en passent la plupart du temps.

De toute évidence, le texte imprimé ne sera plus le support incontournable de tout écrit, mais

Lecture attentive comme cette liseuse de Corot ? Lecture distrayante ? Recherche d'informations ? On lit de bien des manières et le papier allié à l'imprimé constitue encore une technique difficilement contournable. Mais il partage aujourd'hui son rôle de support avec d'autres médias.

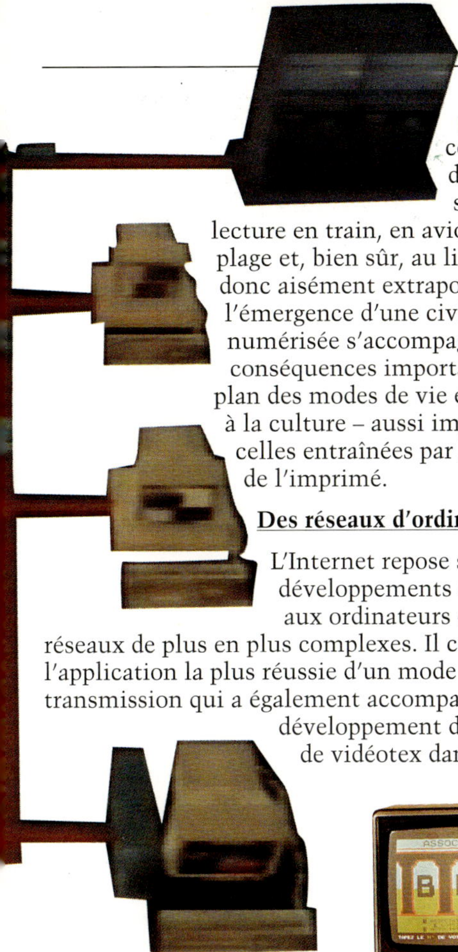

correspondra plutôt à certaines façons de lire, lecture studieuse, lecture en train, en avion, sur une plage et, bien sûr, au lit. On peut donc aisément extrapoler que l'émergence d'une civilisation numérisée s'accompagnera de conséquences importantes sur le plan des modes de vie et du rapport à la culture – aussi importantes que celles entraînées par la naissance de l'imprimé.

Des réseaux d'ordinateurs

L'Internet repose sur tous les développements qui ont permis aux ordinateurs de se relier en réseaux de plus en plus complexes. Il constitue l'application la plus réussie d'un mode de transmission qui a également accompagné le développement des systèmes de vidéotex dans le monde.

Lorsque l'on examine un texte sur un écran, on ne le lit pas de la même façon que sur le papier. La forme numérisée d'un document se prête beaucoup mieux à la récupération d'informations que l'imprimé. En revanche, ce dernier est plus adapté à une lecture studieuse.

Avant l'avènement du réseau dans les années 1960, dominait le «temps partagé» où plusieurs utilisateurs dotés de terminaux utilisaient un même ordinateur. Les premières expériences du vidéotex (ci-dessous celle de Vélizy) ont repris cette idée à la fin des années 1970 en repensant le téléviseur et le téléphone comme équivalent d'un terminal. De là, va découler le système du Minitel.

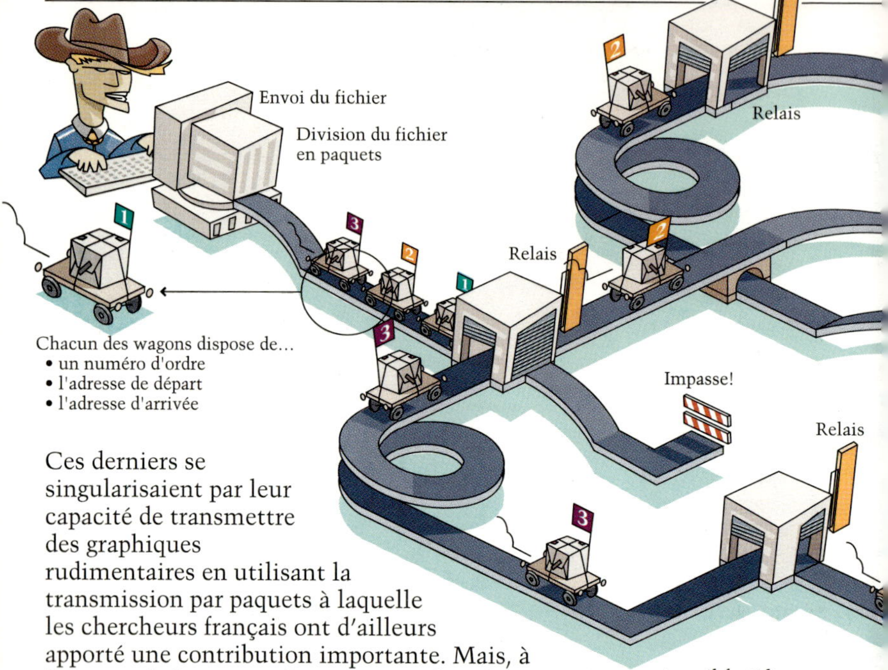

Ces derniers se singularisaient par leur capacité de transmettre des graphiques rudimentaires en utilisant la transmission par paquets à laquelle les chercheurs français ont d'ailleurs apporté une contribution importante. Mais, à l'inverse de l'Internet, les systèmes de vidéotex, tel le Minitel en France, asservissent l'ensemble des récepteurs à un ordinateur central.

Pour comprendre ce qu'est la transmission par paquets, pensons à un train composé d'un certain nombre de wagons. En organisant les 0 et les 1 en «wagons» ou petits paquets de taille constante, on peut faire passer tout un train (ou un document), wagon par wagon (ou paquet par

Le travail fastidieux des demoiselles du téléphone (ci-dessous en Allemagne en 1910).

paquet), en faisant transiter ces derniers par diverses routes et dans un ordre quelconque. Il suffit ensuite de reconstituer à l'arrivée le train d'origine grâce aux indications placées dans chaque wagon.

On comprend d'emblée l'avantage de cette technique. Si une voie est encombrée ou en panne, les paquets empruntent d'autres chemins. Peu importe si ces derniers sont plus longs puisqu'à la vitesse des signaux électriques ou de la lumière, le temps de transit effectif des informations est très court. De cette façon, on utilise toujours le chemin optimal. La transmission par paquets repose sur des conventions de base qui permettent de standardiser la longueur des wagons, le codage des adresses et ainsi de suite. La question des normes est donc venue se superposer aux questions purement techniques, permettant aux intérêts politiques et économiques des grands acteurs du domaine d'intervenir en toute légitimité. Compagnies d'ordinateurs, entreprises de télécommunications, gouvernements divers et responsables militaires ont donc chacun produit leur propre norme et ont contribué à créer une situation complexe sous-tendue par des intérêts économiques et stratégiques gigantesques. L'Internet, pour s'imposer, a dû se faufiler dans ce labyrinthe.

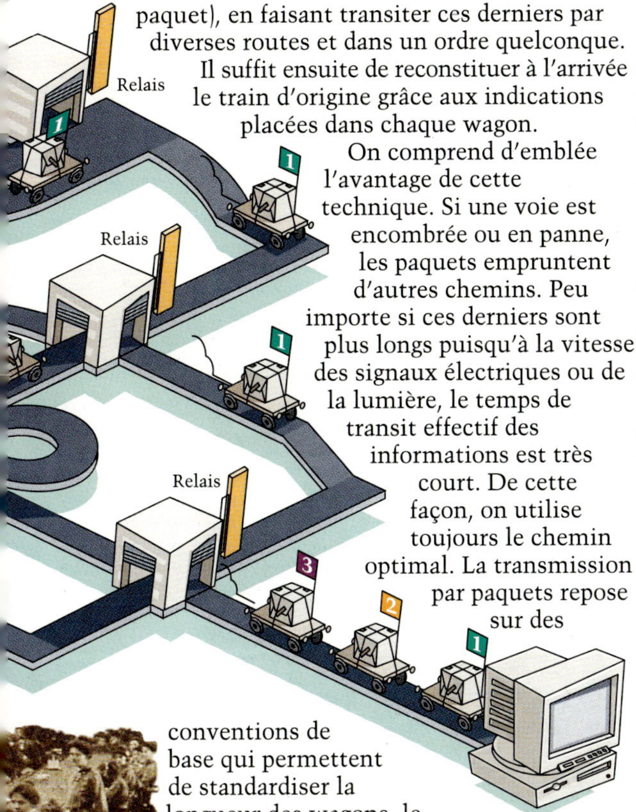

Dans un réseau structuré comme les mailles d'un filet, les documents transmis (paquets) peuvent emprunter diverses routes pour atteindre leur destination (ci-contre, le schéma de la transmission par paquets). Outre leur taille, les paquets indiquent quelle partie du document d'origine ils portent, l'adresse de leur destination et un moyen de vérifier leur intégrité. Du fait de sa structure en maille de filet, le réseau Internet s'avère aussi difficile à détruire qu'une toile d'araignée avec une simple balle de fusil.

IBM
System 370

Les origines de l'Internet remontent à la fin des années 1960, dans le département des «projets avancés» de l'armée américaine. Il s'agissait alors simplement de relier des ordinateurs de recherche. A l'époque, pour utiliser à distance un ordinateur, il fallait installer un «terminal» dans un lieu donné et le relier à cet ordinateur par un réseau «dédié». Depuis, les choses ont changé…

CHAPITRE III

L'INTERNET, UN RÉSEAU DE RÉSEAUX OU LE VIRTUEL AU CARRÉ

ARPA, puis DARPA (le département militaire des «projets avancés»), ont joué un rôle important dans la recherche américaine en tissant des liens entre eux, les entreprises de consultants et les universités, dont sont issus Vint Cerf et Bob Kahn, les concepteurs de l'Internet (à gauche).

De ARPA à DARPA : des origines militaires

Issu de la réaction américaine à Spoutnik en 1957, ARPA (Advanced Research Project Agency) a vu naître l'ancêtre de l'Internet. Ce sigle à l'allure innocente renvoie à la sérénité de ces beaux campus américains où des silhouettes, souvent frêles semblent ne poursuivre que des rêves éthérés. Mais il ne faut pas s'y fier. Un «D» supplémentaire, celui de «défense», allait bientôt révéler la vraie nature de l'ARPA : cette agence gère des recherches militaires. Nous sommes alors en pleine guerre froide.

Dire que l'Internet est né de la guerre froide est à la fois vrai et incomplet. Que les réseaux distribués d'ordinateurs n'aient pas été d'abord et exclusivement conçus pour créer des systèmes de communication susceptibles de résister à des bombardements nucléaires n'empêche pas ces réseaux de remplir ce rôle, et de le remplir fort bien. Lors de la guerre du Golfe, l'armée américaine a pu tester en vraie grandeur ses propres thèses en tentant vainement de détruire le système de communication des forces irakiennes, structuré lui aussi en réseau. Que l'on ait aussi voulu rentabiliser un potentiel de calcul fort coûteux en le rendant accessible à distance n'annule pas la première intention, mais la renforce plutôt. Il y avait deux bonnes raisons plutôt qu'une pour mettre au point des réseaux d'ordinateurs, et elles se sont simplement conjuguées.

Financée par ARPA, la firme américaine de consultants Bolt, Beranek et Newman (BBN) préconisa en 1969 un mode de communication par paquets doté de son protocole propre, le Network Control Protocol. Un ordinateur chargé de gérer le réseau avait également été conçu : IMP ou Interface Message Processor. La même année, à l'université de Californie à Los Angeles, on installait le premier IMP.

On se souvient de Robert Oppenheimer (à gauche) comme le père de la bombe A américaine. On se souvient moins que, réticent à l'idée de créer une bombe encore plus puissante, la bombe H, il dut subir tout le poids de suspicion politique nourrie par la guerre froide et le mccarthysme.

BOLT BE

Dans l'équipe, très jeune, de BBN chargée de mettre au point le premier réseau américain par paquets, on trouve (de gauche à droite, ci-contre) : Truett Thach, Bill Bartell, Dave Walden, Jim Greisman, Bob Kahn – qui sera un des auteurs des protocoles de l'Internet –, Frank Heart, Ben Barker, Martin Thrope, Will Crowther et Severo Ornstein. Cette photo a été prise en 1969 dans les laboratoires de l'UCLA.

Un an plus tard, en 1970, on établissait le premier réseau par paquets aux Etats-Unis en reliant quatre universités : Stanford, près de la baie de San Francisco, les universités de Californie à Los Angeles et à Santa Barbara et l'université de l'Utah à Salt Lake City. ARPAnet venait de naître.

L'ordinateur, un outil de communication active

En 1972, ARPAnet comportait déjà une quarantaine de lieux ou institutions branchées sur le réseau. On y faisait circuler du courrier électronique et on pouvait également se connecter à distance par une procédure encore appelée *rlogin*, contraction de *remote login*.

Dès 1968, J. C. R. Licklider, alors directeur du bureau des techniques de traitement de l'information à ARPA, avait compris que l'ordinateur ne se limitait pas au calcul, mais

En 1970, la côte Ouest des Etats-Unis commençait à concurrencer la «route 128», haut lieu de la technologie de pointe en banlieue de Boston sur la côte Est. En obtenant les quatre premiers nœuds (lieux branchés sur le réseau) d'ARPAnet, la côte Ouest marquait un point.

EK AND NEWMAN INC.

qu'il pouvait également servir à communiquer. Licklider introduisit la vision, un peu inattendue dans le contexte militaro-technique où elle s'exprimait, d'une communication conçue comme implication participative, active et créatrice, d'êtres humains. Le ton et le vocabulaire de Licklider méritent d'être soulignés. On y détecte les contours d'une utopie technologique au ton progressiste et optimiste, qui n'allait plus cesser d'accompagner l'extension des grands réseaux télématiques dans le monde, qu'il s'agisse de l'Internet aux Etats-Unis ou, d'ailleurs, du Minitel en France.

1974 : acte de naissance de l'Internet

Les premiers réseaux ont été construits en ordre dispersé, même sur le plan national. Hors des Etats-Unis, plusieurs pays, parmi lesquels l'Angleterre

ARPAnet vit le nombre de ses connexions croître rapidement : 23 en 1971, 111 en 1977. La carte ci-dessous donne l'état de ce réseau en juillet 1976.

et la France, ont participé à ces travaux de pionniers. En France le projet Cyclades démarre dès 1972. Mais la prolifération incontrôlée des réseaux soulevait de nouveau la question des standards. La prise en compte de ces interrogations commença lors d'une importante conférence internationale organisée à Washington en 1972. Un groupe de travail inter-réseau fut mis sur pied, dont le redoutable mandat était

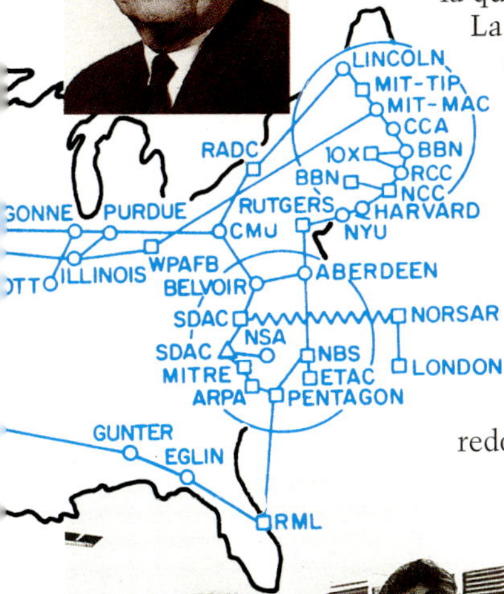

de créer un protocole susceptible de permettre à tous les ordinateurs et tous les réseaux existants déjà de se relier entre eux. Vint Cerf, figure quasi légendaire de l'Internet, prit à vingt-neuf ans la tête de ce groupe. Impliqué dans l'un des quatre premiers nœuds d'ARPAnet, celui de l'université de Californie à Los Angeles (UCLA), Vint Cerf n'était pas étranger, loin de là, aux premiers maillages américains. En 1974, Vint Cerf et Robert Kahn publiaient le protocole TCP

Le préfixe «cyber» renvoie à la notion de contrôle et de gouvernail. Issu des réflexions de Norbert Wiener, il connote l'ordre, et même l'ordre autoritaire. Conduit-il au monde hiérarchique et rigide du célèbre *Metropolis* de Fritz Lang (page de gauche), ou constitue-t-il au contraire le rempart contre l'entropie ? J. C. R. Licklider (en haut et avec ses étudiants en bas) semble avoir bien retenu le point de départ fondé sur la communication que l'on trouvait déjà chez Wiener. Il écrit, en effet : «Exploiter l'information, c'est y apporter – et pas seulement en recevoir – quelque chose par le simple fait d'être connecté. Nous voulons mettre en valeur un aspect qui va bien au-delà du transfert à sens unique. L'importance croissante d'une communication qui se construit dans les deux sens, qui s'appuie sur cette réciprocité qui transcende le "aujourd'hui nous savons tous quelque chose que seul l'un d'entre nous savait jusqu'ici". La communication des esprits permet à de nouvelles idées de naître.»

Après le branchement des 4 premiers nœuds de l'ARPAnet, Vint Cerf (ci-contre) effectue la démonstration du lien de l'université de Californie à Los Angeles. La question des protocoles incompatibles commence dès lors à se manifester. A la suite de la conférence de Washington, le International Network Working Group se met au travail. Le protocole Internet (IP) permet de créer un nombre fini mais très important d'adresses au fur et à mesure des besoins.

(Transmission Control Protocol), comprenant ce qui deviendra le protocole IP (Internet Protocol). Ce faisant, ils avaient aussi créé le mot Internet. L'année 1974 marque donc une étape importante dans l'histoire de l'Internet. Avec la publication des protocoles de base IP et TCP, Cerf et Kahn avaient

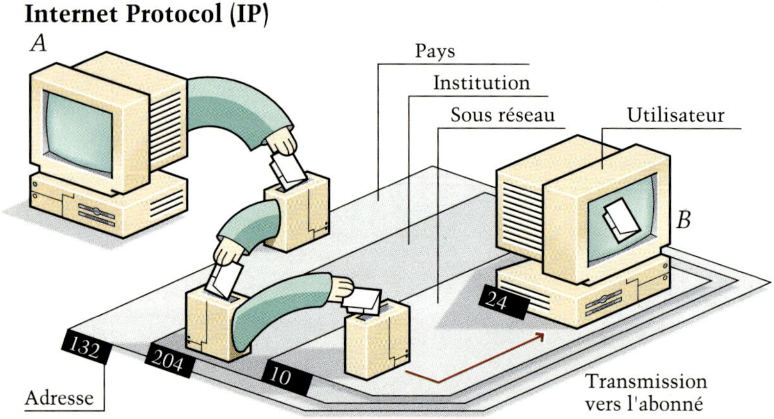

signé l'acte de naissance de l'Internet. Restait à trouver le moyen de faire adopter ces protocoles.

TCP/IP : l'invention d'un langage commun

Familier des spécialistes de réseaux d'ordinateurs, Vint Cerf savait qu'il ne fallait pas chercher à leur imposer quoi que ce soit. Mieux valait travailler dans le sens du grain et créer un langage commun qui

Le principe, très simple, est celui d'une adresse postale (dessin ci-dessus) et comme celle-ci, sa structure permet la création de nouvelles «rues» et de nouveaux numéros.

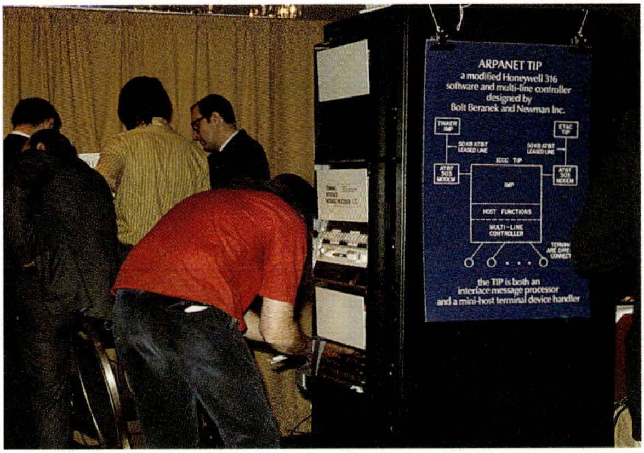

Robert Kahn fait ici la démonstration d'une liaison sur ARPAnet en 1972. Dans le graphique de la page de gauche, le protocole TCP est symbolisé par du papier, plié selon des règles précises. IP repose sur des «domaines» qui permettent de spécifier l'adresse IP : par exemple, à l'université de Montréal au Canada, le domaine national est 132, l'université porte le numéro 204, un des réseaux internes le numéro 10 et une machine particulière dans ce réseau, le numéro 24. L'adresse complète est donc : 132.204.10.24. Transcodée en lettres et non en chiffres cette adresse, dite «logique», donne «tornade.ere. umontreal.ca». L'adresse logique suit l'ordre inverse de l'adresse IP, passant du domaine local au domaine national. A côté de ces derniers, existent des domaines sectoriels : «com» (*commercial*), «edu» (*education*), «gov» (*gouvernemental*), «org» (organisations à but non lucratif), etc. Les organisations américaines tendent à utiliser ces domaines sectoriels plutôt que le domaine national «.us». Tandis que IP permet d'écrire une adresse, TCP spécifie les attributs des paquets.

permettrait à tous les réseaux de communiquer entre eux, y compris les réseaux qui n'existaient pas encore. Ce faisant, Cerf et Kahn se donnaient comme contrainte de travail une situation qui allait ensuite indéfiniment se répéter. La solution qu'ils conçurent permettait de faire face à toutes les éventualités avec un minimum d'efforts.

Vint Cerf venait d'importer en informatique la vieille recette de la langue véhiculaire. C'est elle qui entraîne la coexistence de myriades de langues locales d'une part, et de flux commerciaux à longue distance, d'autre part. L'avantage est évident. Si quatre personnes parlent chacune une langue différente, en l'absence d'une langue véhiculaire, chacune d'entre elles doit apprendre trois autres langues en plus de la sienne propre pour communiquer avec tout le monde. Avec une langue véhiculaire, chaque personne n'apprend qu'une langue en plus de la sienne propre et peut ainsi communiquer économiquement avec le groupe.

Survint plus tard, en 1980, un événement inattendu, et incongru en apparence, mais qui allait jouer un rôle décisif dans l'histoire de l'Internet. DARPA décida de ne pas traiter les protocoles TCP/IP comme secret militaire et donc de les placer dans le domaine public, offrant ainsi à quiconque la possibilité d'en disposer gratuitement. La gratuité des protocoles TCP/IP leur conférait une originalité absolue face à tous les autres protocoles et surtout leur permettait de commencer à viser le statut de norme internationale *de facto*.

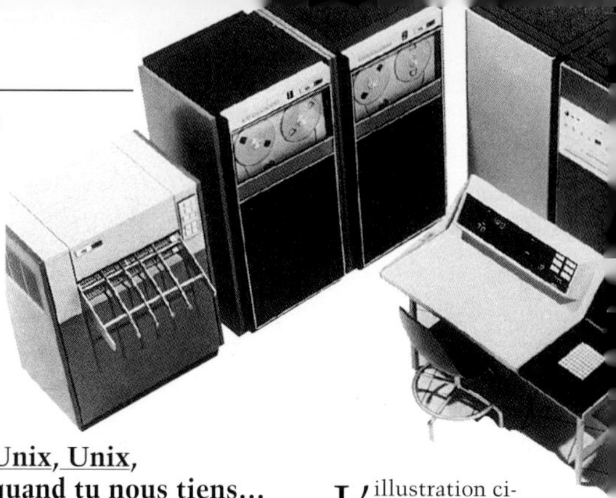

Unix, Unix, quand tu nous tiens...

Hors les normes TCP/IP, le succès de l'Internet repose également sur l'évolution du matériel informatique. Le début des années 1970 fut marqué par l'arrivée des mini-ordinateurs, en particulier les PDP et les VAX de Digital Equipment Corporation (DEC). A l'inverse des machines coûteuses d'IBM ou d'autres compagnies, ces nouveaux ordinateurs n'excédaient pas les possibilités budgétaires des universités ou des PME. Ils étaient livrés, bien entendu, avec leur propre système d'exploitation. En effet, un ordinateur a besoin d'un système d'exploitation pour pouvoir gérer ses accès à diverses mémoires et transmettre au processeur les commandes qui lui parviennent de l'opérateur (Windows 95, MS/DOS, Mac OS, par exemple, sont aujourd'hui les systèmes d'exploitation les plus répandus en micro-informatique). De leur côté, des chercheurs situés dans les laboratoires d'AT&T jouaient avec la possibilité de créer un système d'exploitation multi-tâches pour ces nouveaux appareils. Comme son nom l'indique, un tel système permet d'effectuer plusieurs tâches simultanément. C'est ainsi qu'a commencé Unix.

A l'origine, Unix avait été conçu pour permettre à des programmeurs de construire facilement des outils informatiques et surtout de les partager entre eux. D'où cette capacité que détient Unix de favoriser le

L'illustration ci-dessus représente un ordinateur Sigma 7, datant de la fin des années 1960. Les mini-ordinateurs de l'époque n'avaient de «mini» que le nom. De la taille d'un grand bureau, ils nécessitaient un personnel abondant pour les alimenter en données (à gauche). Le PDP 10, autre «mini»-ordinateur de la même époque, apparaît tout aussi énorme à nos yeux. Véritables dinosaures, ces machines disposaient d'une mémoire vive qui nous semble aujourd'hui ridiculement petite, de l'ordre de 64 000 octets ou 64 ko (un micro-ordinateur actuel offre couramment 8 millions d'octets). Les premières machines d'ARPAnet travaillaient d'ailleurs seulement avec 24 ko.

travail en équipe et la mise en circulation des idées et réalisations des membres d'un même groupe, qui se projette en fait dans une structure locale de réseau. Unix offre donc les avantages d'un système ouvert et souple à géométrie variable. Sont nées de ce contexte des solutions très originales qui ont renforcé l'idée du réseau : un ordinateur ne prend vraiment son sens que s'il est relié à d'autres ordinateurs en nombre aussi grand que possible. Pour autant, Unix était loin d'être «grand public». Outil puissant, indubitablement, mais très mal ébarbé !

Une révolution silencieuse

L'évolution d'Unix a longtemps bénéficié d'une joyeuse énergie collective. Au cours de réunions périodiques, les conférences Usenix, des centaines de programmeurs présentaient des améliorations,

Avant sa célèbre pomme multicolore, la compagnie Apple avait pour logo la scène mythique où Newton invente sa théorie après avoir reçu une pomme sur la tête. Plus tard, fidèle à sa thématique de départ, Apple produira un appareil Newton.

extensions et autres modifications pour Unix.

Conçu pour faciliter les échanges, Unix offrait en particulier un ensemble tout prêt d'outils de communication qui furent rapidement mis à contribution. Par ailleurs, on se mit à adapter Unix à toutes sortes de machines différentes, ce qui facilita la traduction des logiciels d'une machine à l'autre.

Les systèmes Unix se sont vite imposés par leur capacité à se connecter, ce qui a permis de créer les premiers réseaux privés à portée globale : réseaux d'échanges bancaires et réseaux mondiaux de réservation de places sur les avions (à gauche, une employée enregistre des réservations sur le réseau Air France). Auparavant, lorsqu'un voyage comportait plus d'une escale, on devait envoyer un télex de manière à réserver la place du passager sur le premier vol en partance pour l'escale suivante, et ainsi de suite. En d'autres termes, tout était géré localement, aéroport par aéroport.

Ce fut, bien entendu, un autre élément du succès de Unix dans les milieux de recherche et les départements d'informatique. Avec ce système, on pouvait effectuer des développements durables et relativement indépendants de l'évolution pourtant rapide du matériel lui-même.

En 1976, Mike Lesk, des laboratoires Bell de AT&T, mit au point un logiciel qui permettait à une machine utilisant Unix de contacter par modem et ligne téléphonique une autre machine Unix pour échanger des fichiers avec elle. Ce programme, bien connu sous le nom de UUCP (Unix to Unix Copy), confirmait l'aptitude du système Unix à mettre en place des réseaux de communication. La combinaison des machines de DEC avec le système d'exploitation Unix devint dès lors irrésistible et se répandit dans de

nombreuses universités américaines et compagnies privées. A partir de 1977, les machines utilisant le système d'exploitation Unix commencèrent à tisser un premier réseau planétaire, UUnet, autour de la planète en s'appuyant largement sur les lignes téléphoniques. On ne s'en rendit pas particulièrement compte en dehors des spécialistes. Pourtant, une révolution silencieuse venait d'avoir lieu.

Les Français optent pour le Minitel

A peu près au même moment, le grand public se laissait hypnotiser par les manœuvres orchestrées autour de divers systèmes vidéotex et ignorait ainsi l'existence de ces nouvelles tendances. La France avec Minitel s'évertuait, vers 1978-1979, à combler un retard plus ou moins imaginaire sur le Prestel anglais. Or, ces systèmes vidéotex reposaient sur des standards fermés, le plus souvent propriété d'un réseau de communication national, qui en déterminait seul la nature et l'évolution. L'utilisateur devait utiliser un petit terminal aux possibilités limitées

Les laboratoires Bell d'AT&T (logo à gauche) sont célèbres à plusieurs titres. A Bellcore, en Pennsylvanie, a été inventé le transistor sans lequel l'informatique n'aurait jamais pu se développer. C'est aussi dans ces laboratoires qu'a été mis au point le système d'exploitation Unix. En bas, une publicité d'AT&T vante ses ordinateurs

personnels fonctionnant sous Unix. Mike Lesk (ci-dessus) a participé au développement de Unix, mais on se souvient surtout de lui parce que, grâce à UUCP, deux machines Unix pouvaient échanger des fichiers par voie téléphonique et modems. Machines Unix plus téléphone ont ainsi construit le premier réseau mondial d'ordinateurs, UUnet. Aujourd'hui, Mike Lesk étudie les bibliothèques numériques.

et fixes, situation justifiée par les besoins de rendre le vidéotex accessible au plus grand nombre à une époque où l'ordinateur personnel était d'une extrême rareté.

L'Internet révèle sa capacité à fédérer tous les réseaux, mais cette prise de conscience est récente, très récente même. La courbe de croissance de divers réseaux (à droite) montre bien que, pendant un temps, l'Internet n'était qu'un joueur parmi d'autres.

La longue marche vers le succès

En 1977, à l'université du Wisconsin, où enseignait déjà l'actuel président de l'Internet Society, Lawrence Landweber, on mit sur pied un réseau d'ordinateurs pour chercheurs intitulé Theorynet et fondé sur UUCP. Le but était de rétablir l'équilibre entre les institutions qui avaient déjà la chance de se faire servir par le réseau ARPAnet et les autres. Cette initiative conduisit en 1979 à une réunion entre les chercheurs, DARPA et la National Science Foundation (NSF), un organisme subventionnaire du gouvernement américain. Il en résulta la création d'un nouveau réseau nommé CSnet, financé en grande partie par la NSF.

Bitnet (logo à droite) affichait des ambitions planétaires qui furent partiellement réalisées (ci-dessous les réseaux Bitnet).

Un an plus tard, Vint Cerf, toujours lui, suggéra de créer une passerelle entre ARPAnet et CSnet en utilisant, bien entendu, son propre protocole TCP/IP. Dans cette jonction entre ARPAnet et CSnet, il est aisé de lire le deuxième acte de naissance de l'Internet. Sa nature de méta-réseau se révèle clairement à cette occasion. En effet, l'Internet ne fait que s'appuyer sur les réseaux physiques existants pour les connecter entre eux.

En 1983, l'ARPAnet s'organisa entièrement autour de TCP/IP. De plus, à peu près au même moment, à l'université de Californie à Berkeley, on décida d'incorporer TCP/IP dans le noyau d'une variante particulière de Unix. Le mariage de Unix et de TCP/IP se trouva

ainsi officialisé, mais personne n'en fut surpris car le concubinage était déjà notoire.

Encore un détour : Bitnet

L'année 1981 vit un nouveau réseau apparaître, Bitnet. Fruit du soutien financier d'IBM et appuyé par la National Science Foundation, Bitnet marque la tentative que fit la grande compagnie d'ordinateurs pour reprendre une part importante d'un marché déjà fortement acquis à la combinaison VAX-Unix-TCP/IP.

Bien que soutenu par la National Science Foundation (logo à gauche), organisme subventionnaire de la recherche aux Etats-Unis, Bitnet fut affaibli par l'évolution des projets de cette fondation qui se rallia rapidement à l'Internet, et surtout par le changement d'attitude de la compagnie IBM.

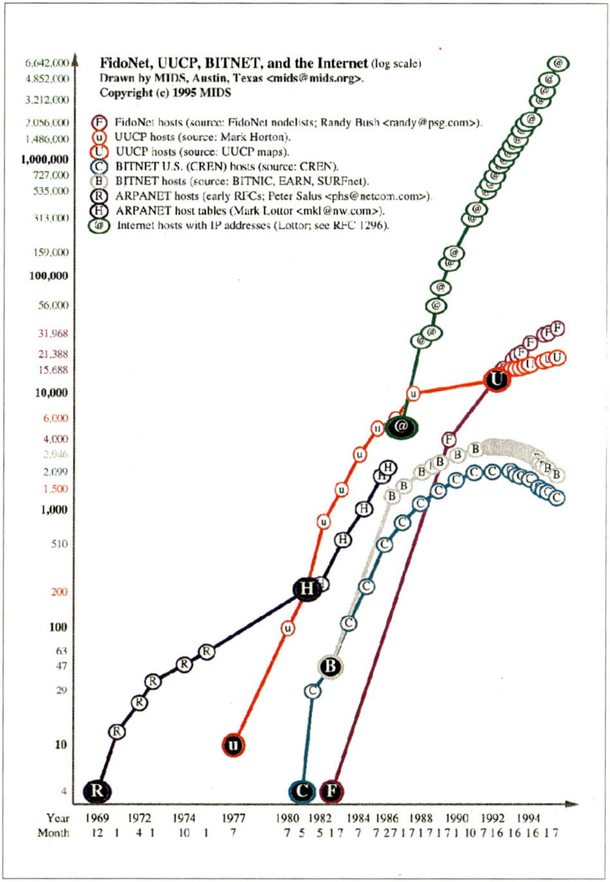

La croissance du nombre des ordinateurs reliés en réseaux a été tellement rapide que l'on est obligé pour la figurer d'utiliser une échelle logarithmique en axe vertical, où le premier degré vaut 10, le deuxième 100, le troisième 1000... Sur ce graphique, on remarque trois tendances. Bitnet démarre très vite en 1983, puis, après le retrait d'IBM, commence à reculer (courbes B et C). Les réseaux UUCP et FidoNet continuent de croître mais le rythme décélère (courbes u, U et F). En revanche, l'Internet (courbe @) croît plus vite que tous les autres réseaux et dispose d'un plus grand nombre d'ordinateurs connectés. Dès 1990-1991, on pouvait prédire le succès de l'Internet à partir de cette courbe.

Ce réseau, connu en Europe sous la dénomination EARN (European Academic and Research Network), permet l'échange de courrier électronique. Le logiciel Listserv enrichit considérablement les possibilités de Bitnet en le dotant d'un outil souple qui puisse gérer des discussions et des débats entre chercheurs. La création de plus de 4 000 forums virtuels, également connus sous le nom de «listes de discussion», démontre à l'envi le succès de Listserv. On en retrouve d'ailleurs diverses transpositions (ListProc, Majodormo, etc.) pour machines Unix.

CompuServe, grand réseau privé, offre une rotonde d'entrée (ci-dessus) qui permet de pénétrer dans l'ensemble de ses services en mode exploration ou en mode rapide intitulé ici «onde de choc» (*shockwave*, métaphore qui renvoie au mur du son). Les services populaires sont des «*hot spots*» (points chauds). Ceux qui veulent communiquer sont invités au «Quoi dire ?» (*say what?*). La section «logiciels» (*software*) rappelle que la télématique est encore largement un lieu dominé par les fanas de l'informatique.

Les débuts de la vie publique de l'Internet

A partir de 1988, IBM voulut réduire son soutien financier à Bitnet, misant sans doute sur l'espoir que les universités ne pourraient plus s'en passer et prendraient elles-mêmes en charge le financement du réseau. Or, les universités disposaient déjà de systèmes Unix, lesquels incorporaient les protocoles TCP/IP. Les informaticiens universitaires reconnurent rapidement qu'ils disposaient d'un outil efficace pour interconnecter tous leurs ordinateurs et une conversion rapide aux

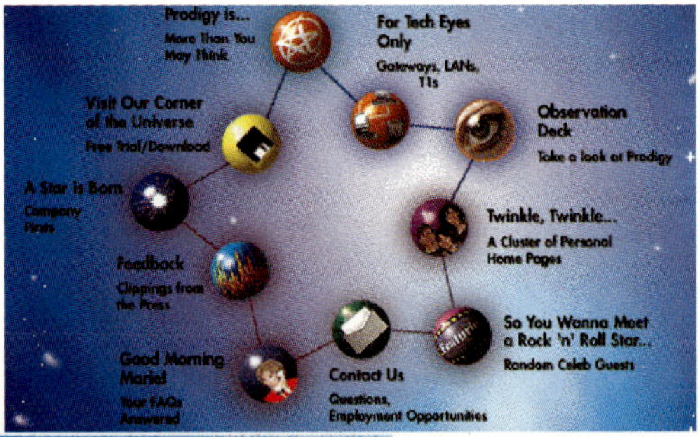

protocoles de l'Internet s'ensuivit. En trois ans, Bitnet qui avait fusionné avec CSNet, se mit à décliner, d'autant plus que, parallèlement, la National Science Foundation, entre-temps, avait lancé un réseau à très haut débit, NSFnet. Les protocoles de l'Internet voyaient ainsi leur influence croître et, l'un après l'autre, les réseaux ou bien se convertissaient directement à TCP/IP, ou bien organisaient des passerelles efficaces entre leur monde propre et le vaste univers de l'Internet.

Avec les années 1990, cette tendance a gagné le monde des réseaux commerciaux. Désormais, CompuServe, America on Line et Prodigy offrent à leurs abonnés l'accès à la galaxie Internet. Plus récemment, le Minitel s'est ouvert à l'Internet. La croissance extrêmement rapide de l'Internet – le nombre des ordinateurs connectés double chaque année – contribue à le rendre visible du grand public. De bouquet discret et ésotérique de protocoles, il se transforme en phénomène social. Visibilité ambiguë d'ailleurs, car en découvrant l'Internet, le grand public semble aussi avoir mal saisi sa nature propre. Des expressions comme «autoroutes de l'information» ou «inforoutes» ont largement cours, mais on ne sait trop s'il s'agit d'un Minitel plus performant ou d'un super-câble capable de diffuser cinq cents canaux de télévision. Inversement, on entend aussi dire que l'Internet ne correspond en rien à une autoroute électronique, pas même à son prototype, qu'il représente au mieux une piste, un chemin, comme si l'Internet n'était qu'un réseau classique. On apprend néanmoins que l'Internet, par le nombre de ses usagers, est en train de constituer à lui tout seul un des «pays» les plus peuplés du monde.

En s'ouvrant au réseau Internet, les grands réseaux privés proposent leurs services à une clientèle mondiale qui dispose par ailleurs d'un choix immense (en février 1996, environ 170 000 sites recensés). Ce faisant, ces réseaux se reconvertissent en kiosques de services payants et, simultanément, en fournisseurs de connexions à Internet.

Prodigy, autre réseau privé, pousse plus loin la logique du style «cool». Les présentations personnelles se retrouvent sous la rubrique «Twinkle, Twinkle... [little star]» (début d'un chant de Noël anglais) où se profile une promesse – de devenir une «star» – non dénuée d'ironie. «Mariel», dans la meilleure tradition de la presse du cœur, répond à vos problèmes techniques. «For Tech Eyes Only» fait écho au film de James Bond, *For Your Eyes Only*, transformant ainsi une rubrique aride en film d'action.

janis% telnet archie.unl.
Trying 129.93.1.14 ...
Netscape: JPEG image 450x578 pixels
Back
Forward
Home
Reload
Images
Open
Print
Find
Stop
Netsite: http://www.telegraph.co.uk/et/access?ac=130980058641&pg=//96/1/31/wopera31.jpeg
What's New?
What's Cool?
Handbook
Net Search
Net Directory
Newsgroups
(Top) The blaze at its height on Monday night. Firemen were hampered in their efforts by a lack of water in nearby canals (Above) The 'Homage to Venice' concert last year (Right) Gutted theatre, St Mark's bell tower in the background
Welcome to the White House
Executive Branch
What's New
The First Family
Publications
Tours
Comments
An Interactive Citizens' Handbook
President's Welcome Message
Guest Book
Vice President's Welcome Message
'erase' char
'search' (ty
unl-archie) prog landsat

L'Internet offre trois fonctions de base très simples : le courrier, le transfert de fichiers et la connexion à distance. Simple en apparence, ce bouquet de fonctions de base a servi de fondation à toute une série de développements qui ont enrichi les possibilités offertes par l'Internet et diversifié les types de services disponibles sur les réseaux. Grâce à cette évolution, l'Internet a littéralement changé de visage.

CHAPITRE IV

VERS UN INTERNET À VISAGE HUMAIN

L'Internet Society est une organisation à but non lucratif dont l'objectif est de promouvoir l'interconnexion ouverte des systèmes avec l'Internet. «Ouvert» signifie propriété de tous.

Jusqu'en 1990 : la phase héroïque (archaïque?) de l'Internet

Les trois fonctions de base de l'Internet sont régies par des normes distinctes : SMTP (Simple Mail Transfer Protocol) pour le courrier, FTP (File Transfer Protocol) pour le transfert de fichiers, Telnet pour la connexion à distance. Chaque utilisateur en réseau dispose de son propre espace de travail qu'il structure en répertoires, un peu comme dans un classeur. Il décide aussi de mettre tel document à la disposition de l'ensemble du réseau, d'un groupe donné ou, à l'inverse, il s'en réserve l'usage exclusif. Vu sous cet angle, un réseau d'ordinateurs Unix ressemble un peu à un ensemble d'appartements où chaque locataire décide quelles pièces il verrouille.

Simple Mail Transfert Protocole (SMTP)

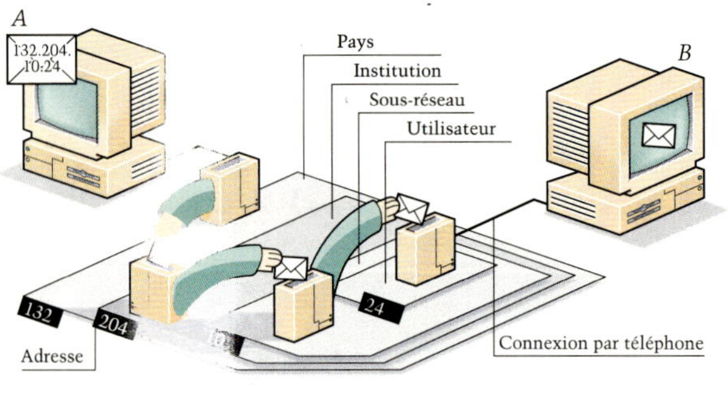

Un réseau de réseaux comme l'Internet étend à l'échelle de la planète le concept de réseau local. Ainsi, un document public situé à Paris peut être copié de n'importe où à condition de connaître son nom et sa localisation exacte. La distance est donc vaincue, mais il manque encore un instrument de repérage. L'Internet, somme toute, prend l'allure d'une bibliothèque imposante, mais sans catalogue.

Pour contrôler le problème, on prit l'habitude de créer des espaces ouverts à tout venant, dispersés dans l'Internet. L'on pouvait entrer dans ces espaces sans s'identifier, d'où l'habitude de les appeler des «sites FTP anonymes». Toutefois l'absence de catalogue

```
janis% ftp ftp.ncsa.
Connected to idunno.
220 idunno.ncsa.uiuc
1994) ready.
Name (ftp.ncsa.uiuc.
331 Guest login ok,
Password:
230-
230-Welcome to NCSA'
230-  looking for. I
230-  please e-mail
230-  NCSA software
.
.
.
230-You are user # 1
230-
230-Please read the
230-  it was last mo
230-Please read the
230-  it was last mo
230 Guest login ok,
ftp>
ftp> pwd
257 "/" is current d
ftp> ascii
200 Type set to A.
ftp> get README
200 PORT command suc
150 Opening ASCII mo
226 Transfer complet
local: README remote
17413 bytes received
ftp> quit          ex
221 Goodbye.
janis% █
```

Métaphoriquement parlant, le protocole du courrier ajoute une «enveloppe» au papier plié du protocole IP (ci-dessus). Cette enveloppe donne divers renseignements sur la lettre. Une adresse de courrier Internet prend la forme : nom-d'usager@ adresse-logique. Dans le cas de l'auteur, cela donne guedon@ ere. umontreal.ca. Les adresses sont en ASCII strict, sans accent.

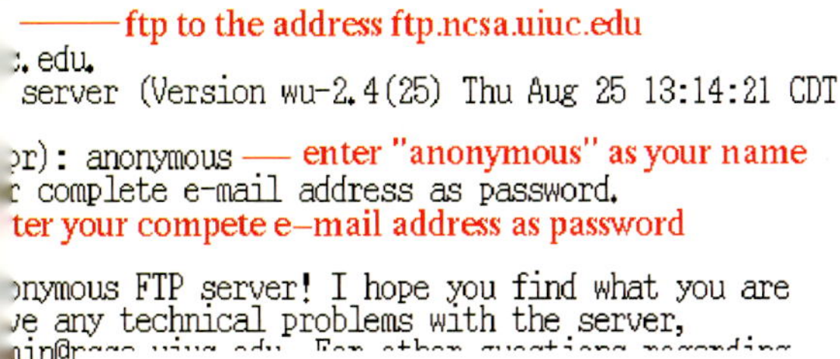

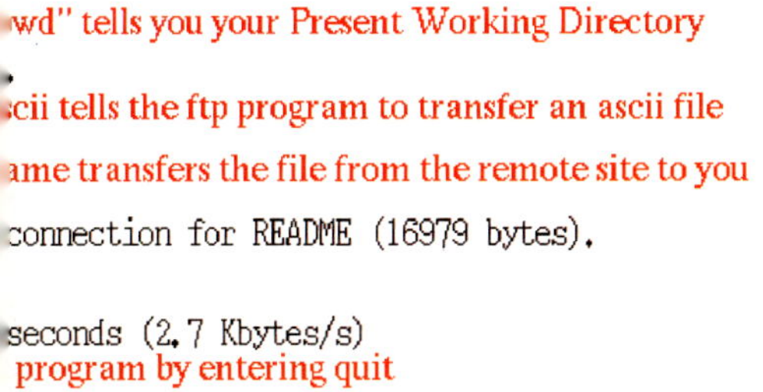

File Transfert Protocole (FTP)

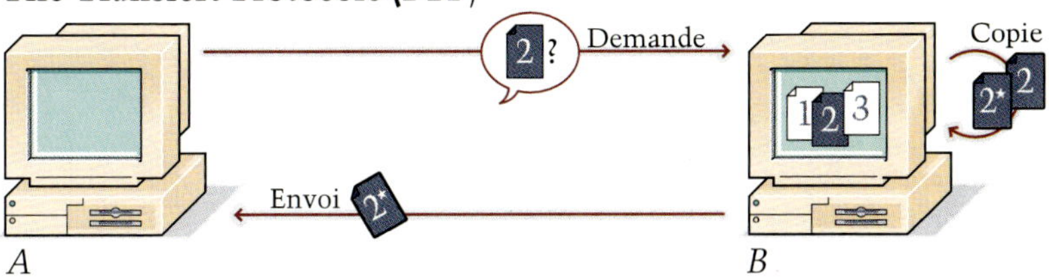

Pour utiliser FTP, on s'adresse au correspondant choisi (première ligne), on se nomme «*anonymous*» et on donne son adresse Internet. Le serveur répond par un «*welcome*».

Puis on spécifie un transfert en ASCII s'il s'agit d'un texte, en «*binary*» (binaire) pour les autres cas.

La fonction Telnet (ci-dessous) permet de se connecter à un autre ordinateur et de le piloter comme si on était sur place. Ainsi, de New York, un Japonais peut se connecter par Telnet à Tokyo et gérer son courrier comme s'il n'avait jamais quitté sa ville d'attache.

continuait de se faire douloureusement sentir. Suivant en somnambule le développement des bibliothèques, l'Internet vit d'abord naître des registres plus ou moins précis et plus ou moins bien tenus à jour. Souvent lapidaires, les indications offertes par ces

Telnet

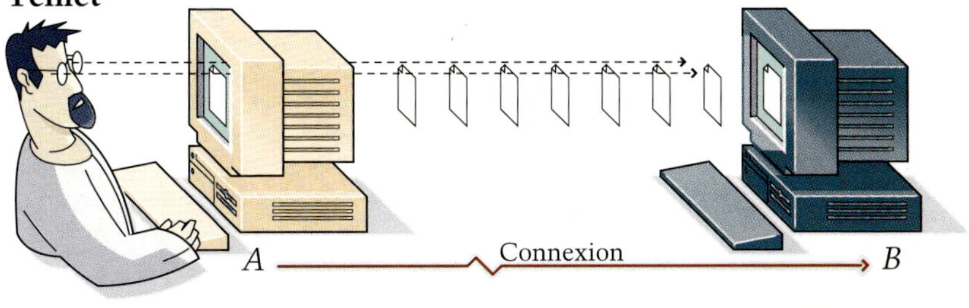

listes s'avéraient souvent inexactes. Un véritable Moyen Age informatique en somme ! De site FTP en site FTP, le chercheur, tout branché qu'il fût, errait néanmoins en quête d'information et se retrouvait ainsi, ironiquement, dans la situation d'un «escholier».

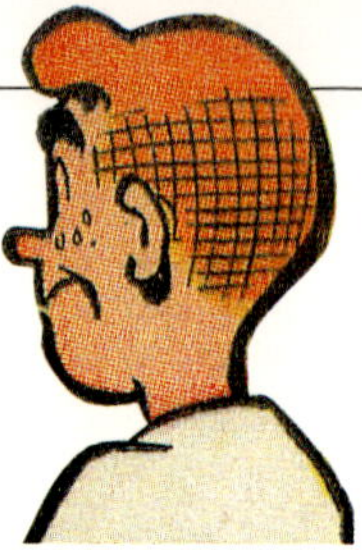

Ci-desssus, Archie, le héros de *comics*, dont s'est inspiré Peter Deutsch pour son serveur.

Enfin un catalogue!

Pour créer un catalogue, mieux valait s'appuyer sur un dispositif léger, facilement géré par un tout petit nombre d'individus, et utilisant à fond les ressources de l'ordinateur. Ainsi est né le premier grand outil global de repérage de l'Internet. Celui-ci, connu sous le nom facétieux d'«Archie», renvoie bien sûr à «archive» mais aussi au personnage de bande dessinée que tout Américain connaît. Il a été conçu vers 1990 par un informaticien de l'université McGill à Montréal, Peter Deutsch.

Partant de l'idée que l'Internet était l'équivalent d'une immense base de données distribuées partout sur la planète, Peter Deutsch conçut une machine à cataloguer automatique. Chaque nuit, un ordinateur faisait l'inventaire d'un peu plus de 3 % d'une vaste collection de sites FTP dans le monde. En un mois environ, un tour du monde que Jules Verne n'avait jamais envisagé était bouclé et on recommençait.

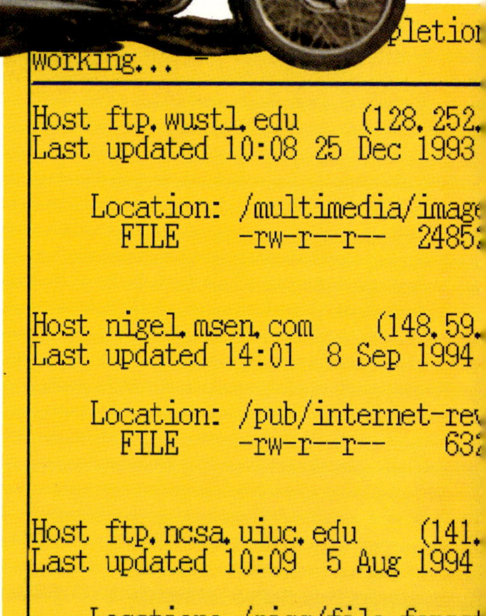

La mise en place d'un catalogue à peu près systématique et tenu constamment à jour, attira évidemment beaucoup d'intérêt. Et d'engorgements ! Pour faire face à ce dernier problème, on multiplia les sites analogues à celui de McGill. Plusieurs dizaines de serveurs Archie s'organisèrent dans le monde.

Archie permettait de localiser des fichiers, mais il fallait ensuite les récupérer un par un, travail simple, mais fastidieux. La bibliothèque Internet était désormais complète, mais l'aménagement intérieur laissait encore à désirer, tant sur le plan de la facilité d'utilisation que celui de l'esthétique et du confort !

Des tunnels dans l'Internet

Avec Archie, Peter Deutsch avait clairement mis en évidence la nature radicalement distribuée de l'Internet. Penser globalement signifiait désormais penser dispersé. C'est alors qu'apparut Gopher en 1991, deuxième percée majeure dans les applications de l'Internet. Elle coïncide aussi avec la première

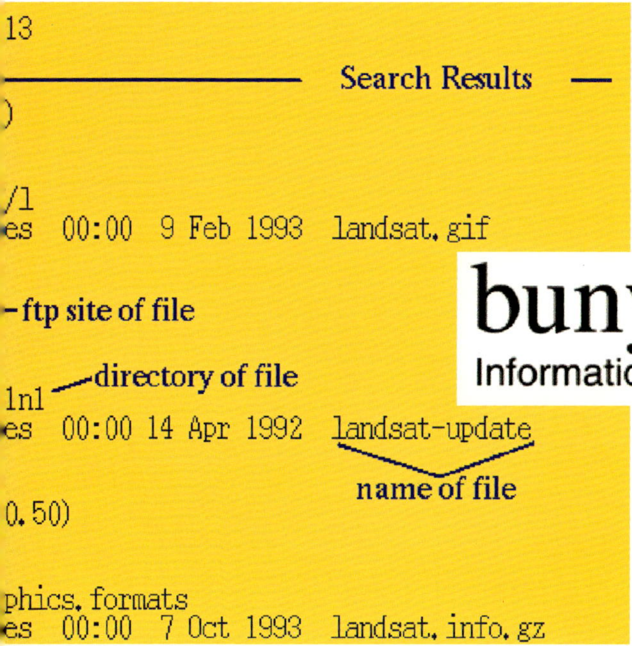

Dans le serveur de sa propre compagnie Bunyip (logo ci-dessous), Peter Deutsch, l'inventeur d'Archie, s'est mis en scène ironiquement (à gauche, sur sa moto). Pour se connecter sur Archie, on choisit un site proche de soi (dans le même pays par exemple) et on se branche en utilisant la fonction Telnet. Puis, on effectue sa recherche simplement en écrivant «prog nom-du-fichier» et, au bout de quelques instants s'affichent des adresses comme «nigel.msen.com» dans l'illustration ci-contre. Dessous se trouve la localisation du fichier à l'intérieur d'une arborescence. Pour obtenir ce fichier, on se déconnecte d'abord d'Archie et on lance l'opération FTP à l'adresse du serveur choisi. Par la commande «cd», on se déplace jusque dans le répertoire du fichier recherché, puis, on demande («*get*») le fichier. Archie n'est donc qu'un catalogue. Il faut ensuite aller chercher chaque fichier un à un, dans chaque site.

explosion d'intérêt public pour l'Internet. Le mot Gopher désigne un petit rongeur des plaines de l'Amérique du Nord qui, à l'instar des taupes, creuse des tunnels un peu partout dans le sol. Les informaticiens du Minnesota (le «Gopher State») qui ont mis au point le logiciel Gopher ont utilisé cette métaphore pour faire comprendre qu'il était désormais possible de creuser des traverses dans l'espace abstrait et virtuel que constitue l'Internet, en d'autres mots le cyberespace, traverses susceptibles de mettre en communication des lieux totalement disjoints. Comme le sont les sites FTP, précisément.

Un chercheur est assis dans son petit cubicule au cœur d'une vaste bibliothèque, là où il a réuni physiquement la documentation dont il a besoin. Un site Gopher ressemble à ce cubicule à cette différence près que les documents rassemblés ne sont pas forcément d'origine locale. En effet, le logiciel Gopher gomme la différence entre le local et le lointain. Dans la bibliothèque Gopher, il faut

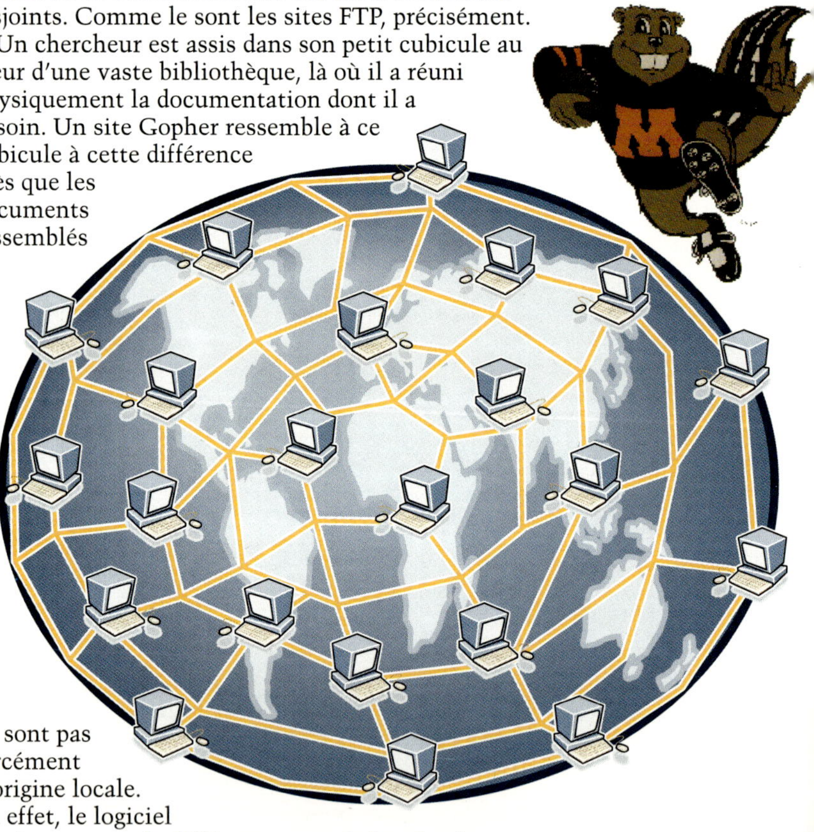

Mascotte de l'équipe de football de l'université du Minnesota, le *gopher* porte toujours le M de l'Etat. Le Gopher a, le premier, permis aux utilisateurs de l'Internet de circuler de site en site et de «surfer».

désormais imaginer un chercheur qui aurait à sa disposition non seulement des livres provenant de la bibliothèque où il travaille, mais aussi des simulacres d'ouvrages provenant d'autres bibliothèques. Plus fort encore, s'il décide d'utiliser un ouvrage dont il ne possède que le simulacre, un petit génie va immédiatement copier l'original et l'apporte presque instantanément dans le cubicule. De ce fait, l'utilisateur en arrive à ne plus faire attention à la localisation première du document consulté.

Gopher permet de recréer à volonté des collections diverses en se nourrissant de toutes les ressources de l'Internet. Le résultat, présenté sous forme de menus classiques, est facile d'utilisation. Avec ce logiciel, venait de se créer l'équivalent d'une bibliothèque indéfiniment remodelable. L'ajout d'outils de recherche tel Veronica qui effectue sur les sites Gopher le travail d'Archie sur les sites FTP, en augmenta encore l'efficacité et contribua à les transformer en véritables instruments de publication électronique. La multiplication effrénée des sites Gopher entre 1992 et 1993 ne fait que souligner la qualité du concept lui-même.

<u>Des arborescences à l'hypertexte</u>

Dans l'histoire de l'Internet, Gopher n'aura été qu'une étoile filante exceptionnellement brillante. Pendant ce temps, de nouveaux venus fourbissaient silencieusement l'outil qui allait réellement faire passer l'Internet à la gloire. A la frontière franco-suisse, des

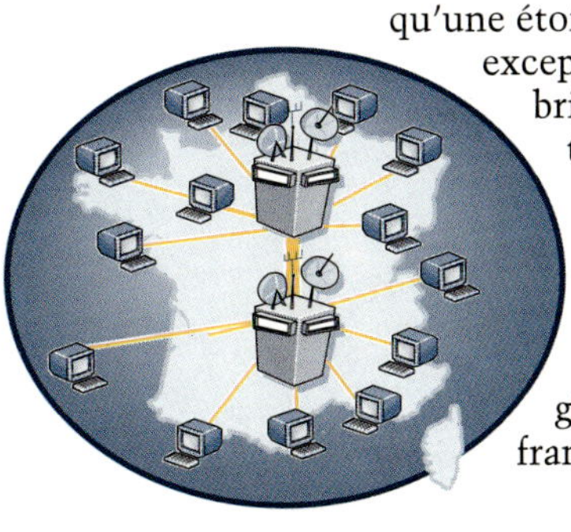

Le monde Minitel s'oppose diamétralement au monde Internet. Alors que le Minitel se contente de brancher un certain nombre de terminaux sur un système largement centralisé, l'Internet donne à tout ordinateur branché la possibilité de jouer à la fois le rôle de terminal et de serveur. Le schéma à gauche symbolise cette situation en montrant la structure en étoile du réseau Minitel, autre façon de souligner la dénivellation hiérarchique entre serveurs et terminaux. Ceci est tellement vrai que les premiers terminaux Minitel recevaient les signaux du réseau à 1200 bits par seconde ou «bps» mais ils ne pouvaient envoyer des signaux sur le réseau qu'à 75 bps.

informaticiens du CERN travaillaient à mettre au point un système efficace de stockage et de récupération des publications du centre. Pour ce faire, Tim Berners-Lee et Robert Cailliau avaient décidé d'abandonner les arborescences hiérarchiques chères aux structures de répertoires des ordinateurs et avaient décidé de s'appuyer sur la conception d'hypertexte qu'avait développée Ted Nelson dès les années 1960.

Pour imaginer ce qu'est un hypertexte, on peut penser soit à ces romans «dont nous sommes les héros», soit à l'*Encyclopédie* de Diderot. Dans le premier cas, on voit facilement que la structure des segments du texte est indéfiniment réorganisable en fonction des choix du lecteur.

De la même manière, l'*Encyclopédie* nous offre l'ordre alphabétique que l'on attend d'un *Dictionnaire raisonné des arts et des sciences*, mais aussi un système complexe de renvois permettant de sauter d'une rubrique à une autre. «Découvertes Gallimard» tient aussi de l'hypertexte puisque chaque ouvrage propose d'aller et venir entre un texte qui joue le rôle de fil conducteur, des légendes qui développent latéralement divers thèmes connexes et des illustrations qui font écho aux deux premiers groupes de textes et les prolongent.

Tim Berners-Lee et Robert Cailliau, inspirés par les ordinateurs NeXT qu'ils utilisaient, reprirent la structure hypertextuelle. Pour construire ces structures, ils adoptèrent la norme SGML (Single Generalized Markup Language ou langage unique de

La notion d'hypertexte a commencé à être analysée à partir de 1945 quand Vannevar Bush, dans un article célèbre de *Atlantic Monthly*, esquissa ce que pourrait être le système Memex. Puis elle fut approfondie par Ted Nelson. Pourtant, l'*Encylopédie* de Diderot incorporait déjà des dimensions que l'on peut qualifier anachroniquement d'«hypertextuelles». Ci-dessus, l'article «Chymie» comporte divers renvois dont un à «Fourneaux». A son tour, cette dernière rubrique comporte des renvois, y compris des renvois à des planches, donnant ainsi à l'*Encyclopédie* une authentique dimension multimédia. Pourtant, «surfer» (passer d'un élément à un autre, puis à un autre etc.) dans les dix-sept volumes in-folio de l'*Encyclopédie* requiert de bonnes réserves d'énergie musculaire…

A droite, les portraits de Robert Cailliau (en haut) et de Tim Berners-Lee (en bas), qui sont les inventeurs du World Wide Web («toile mondiale»). Le logo du CERN qui les sépare rappelle que tout le développement du W³ eut lieu en ce site à partir de 1989.

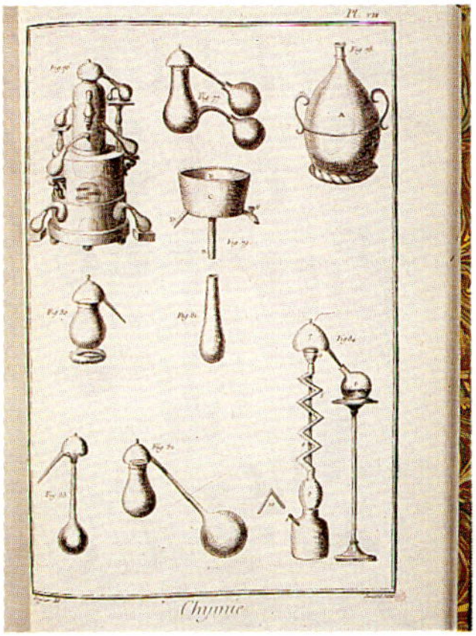

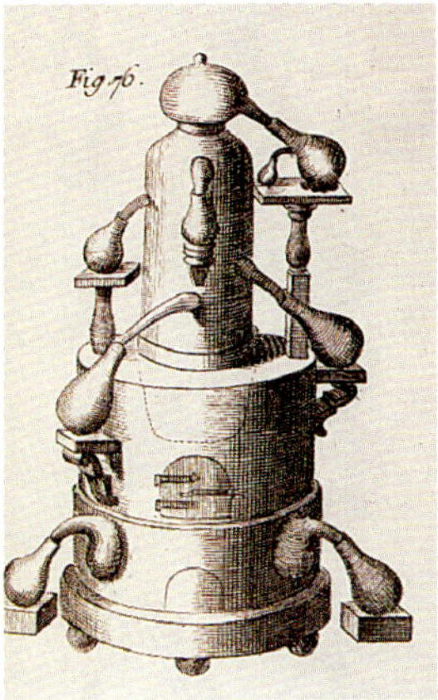

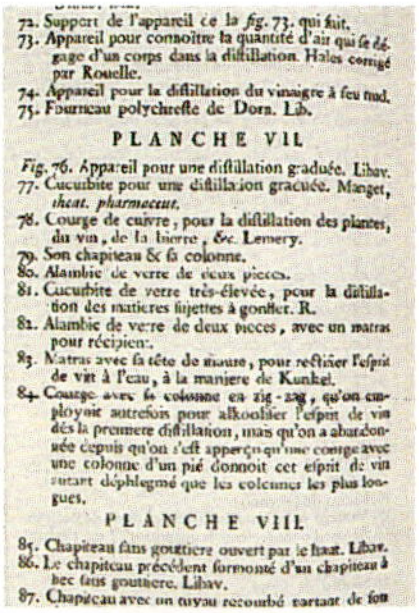

72. Support de l'appareil de la *fig.* 73. qui suit.
73. Appareil pour connoître la quantité d'air qui se dégage d'un corps dans la distillation. Hales corrigé par Rouelle.
74. Appareil pour la distillation du vinaigre à feu nud.
75. Fourneau polychreste de Dorn. Lib.

PLANCHE VII.

Fig. 76. Appareil pour une distillation graduée. Libav.
77. Cucurbite pour une distillation graduée. Manget, *theat. pharmaceut.*
78. Courge de cuivre, pour la distillation des plantes, du vin, de la bierre, *&c.* Lemery.
79. Son chapiteau & sa colonne.
80. Alambic de verre de deux pieces.
81. Cucurbite de verre très-élevée, pour la distillation des matieres sujettes à gonfler. R.
82. Alambic de verre de deux pieces, avec un matras pour récipient.
83. Matras avec sa tête de maure, pour rectifier l'esprit de vin à l'eau, à la maniere de Kunkel.
84. Courge avec sa colonne en zig-zag, qu'on employoit autrefois pour alkooliser l'esprit de vin dès la premiere distillation, mais qu'on a abandonnée depuis qu'on s'est apperçu qu'une courge avec une colonne d'un pié donnoit cet esprit de vin autant déphlegmé que les colonnes les plus longues.

PLANCHE VIII.

85. Chapiteau sans gouttiere ouvert par le haut. Libav.
86. Le chapiteau précédent surmonté d'un chapiteau à bec sans gouttiere. Libav.
87. Chapiteau avec un tuyau recourbé partant de son

balisage généralisé), pourtant peu connue à l'époque. Soucieux d'offrir aux physiciens un outil de publication à la fois simple et puissant, ils définirent les caractéristiques d'une DTD (description de type de document) simple qui allait devenir célèbre dans l'Internet, HTML ou Hypertext Markup Language. C'est ainsi qu'est né le World Wide Web vers 1989.

Toujours plus fort : le World Wide Web

Bien que créé un peu avant Gopher, le World Wide Web (appelé aussi Web, WWW ou W^3) connut d'abord une carrière fort discrète. La nécessité de baliser les documents en HTML paraissait onéreuse aux yeux des partisans de Gopher. Pour la plupart des utilisations communes de l'Internet, en particulier la création de multiples serveurs d'information universitaires (Campus-Wide Information Services ou CWIS), W^3 paraissait inutilement complexe. En fait, sa structure hypertextuelle déroutait des esprits disciplinés par la tradition de lecture linéaire imposée depuis longtemps par l'imprimé.

Un outil convivial

Pour visiter un site W^3, il faut un logiciel particulier, un feuilleteur ou fureteur (*browser* en anglais), outil qui permet de naviguer à travers les données du site et de les visualiser de façon plus ou moins esthétique

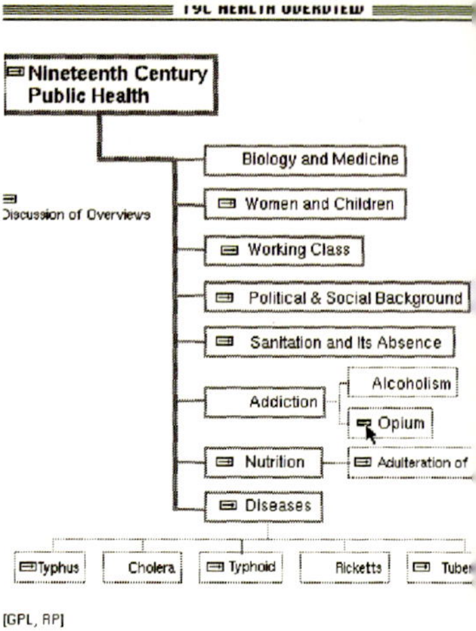

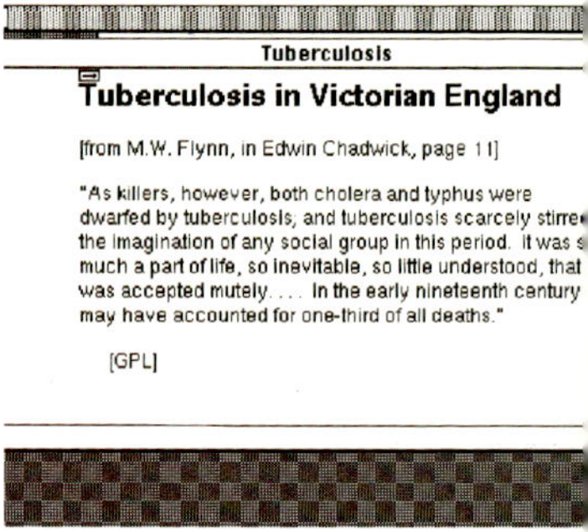

et conviviale. Les premiers feuilleteurs, fort simples, ne donnaient de l'ensemble que l'apparence classique du code ASCII. La situation changea du tout au tout, et avec une extraordinaire rapidité, à partir du moment où une autre équipe d'informaticiens du NCSA (National Center for Supercomputing Application) mit au point Mosaic, un feuilleteur d'allure spectaculaire qui permettait de composer des pages multimédias à partir de documents distribués n'importe où sur la planète. Ce «partagiciel» (*shareware*) devint rapidement célèbre dans tout l'Internet. En quelques mois, les organismes les plus divers, les institutions les plus vénérables, les entreprises et même les individus découvrirent que l'on pouvait se donner une excellente visibilité en publiant sa «page Web». Les usagers découvrirent les délices du «surf» dans l'Internet en pointant et en cliquant comme d'habitude.

Rehaussé par le Web, l'Internet se voyait transformé en un outil «convivial». Finies les commandes ésotériques chères aux gourous Unix, mais cette évolution ne comporte pas que des avantages. Le nouveau visage de l'Internet exige des ordinateurs plus puissants et surtout une bande passante large en langage. Or ces branchements sont peu ou pas disponibles dans les pays du tiers monde et, par ailleurs, cette contrainte supplémentaire

A la fin des années 1980, les ressources infinies de l'hypertexte ont retenu l'attention des littéraires. A l'université Brown dans le Rhode Island, le professeur George Landow et son équipe ont exploré aussi ce médium pour repenser en profondeur la recherche et l'enseignement de la littérature.

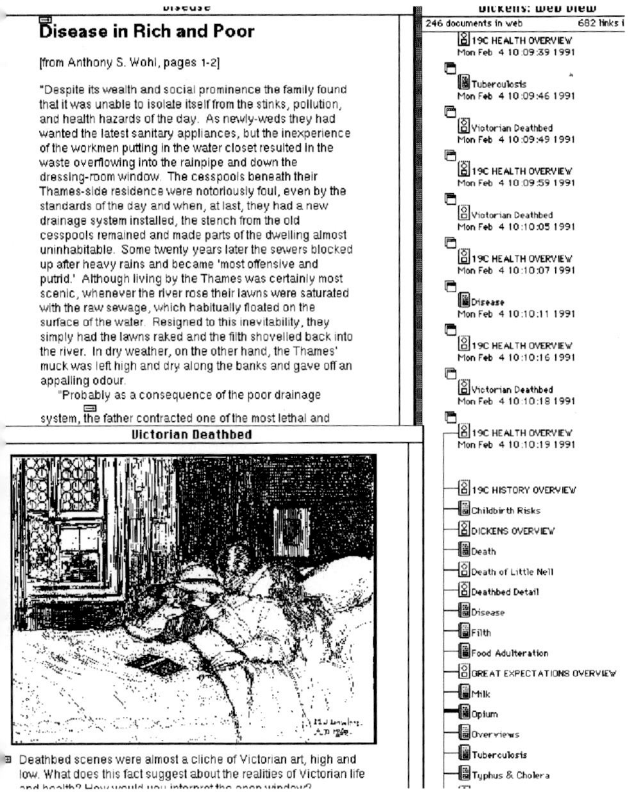

L'étude de l'œuvre de Dickens (ci-contre analysée sur le logiciel Intermedia) avait depuis toujours nécessité d'aborder des sujets parfois très éloignés des compétences d'un spécialiste de littérature anglaise. Ainsi, l'hygiène publique dans les villes du Royaume-Uni au XIXe siècle tient-elle une grande place dans nombre de romans de Dickens et il semblait souhaitable de faire intervenir de vrais spécialistes de la question. Cette observation conduisit récemment à l'idée d'adjoindre à la structure ayant en charge l'hypertexte une entreprise, centrée à l'université Brown, mais également des collaborateurs distribués potentiellement partout. On voit, ci-dessus, quelques traces de ce travail, jusqu'aux cartes de navigation qui prennent la forme d'arborescences (page de gauche), ainsi que des listes de rubrique permettant de se retrouver facilement dans les labyrinthes des hypertextes.

redonne de l'importance aux grands opérateurs de réseaux qui détiennent ainsi la possibilité d'entretenir une certaine rareté de la bande passante.

Des logiciels de plus en plus intelligents

En quelques mois, vers la fin de 1993 et au début de 1994, les sites Web se sont multipliés encore plus vite que les sites Gopher. Gigantesque, la présence du W^3 devint pour beaucoup synonyme de l'Internet. Le succès du feuilleteur Mosaic devint tel que la tentation d'en tirer profit s'avéra irrésistible. L'équipe de la NCSA se scinda en deux et la fraction passée au monde commercial mit en vente le feuilleteur Netscape qui a largement dominé la scène du W^3 tout au long de 1995. Mais déjà de nouveaux concurrents sérieux se profilent à l'horizon. Par ailleurs, le langage de programmation Java de la compagnie Sun permet de transmettre des fichiers exécutables par tous types de machines, évitant ainsi l'utilisation de logiciels auxiliaires, souvent encombrants, des premiers feuilleteurs. W³ agit désormais comme un incubateur puissant d'innovations qui se multiplient à un rythme soutenu. On peut prédire, par ailleurs, que la carrière des applications en vogue actuellement sera généralement très brève.

Tout comme FTP et Gopher, W³ voit se multiplier des outils de recherche divers, parmi lesquels Netsearch, Web Crawler, Yahoo, Lycos et AltaVista sont actuellement les mieux connus. Le succès du Web favorise en effet leur multiplication et leur amélioration. Quant aux «agents intelligents» dont on entend de plus en plus parler, il ne s'agit pas d'entités impossibles, mais bien de logiciels susceptibles de pourchasser l'information sur les réseaux selon les indications retenues par l'utilisateur. En 1996, W³ poursuit sa croissance endiablée. Le nombre des sites double tous les deux ou trois mois et les fonctionnalités de HTML augmentent aussi. Phénomène technique et social de première grandeur, W³ a dû se doter d'un

Java, de Sun, promet de bouleverser une nouvelle fois le paysage du W³ en permettant de transmettre de petits logiciels utilisables sur un vaste choix d'ordinateurs.

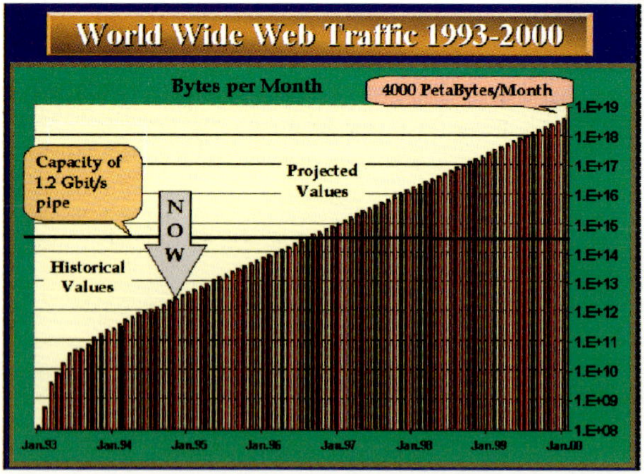

L'avènement du W³ a contribué à intensifier les flux de communications sur les réseaux en facilitant le phénomène du «surf» et en favorisant l'utilisation de gros fichiers multimédias. La courbe ci-contre montre cette croissance sur une échelle logarithmique (chaque ligne horizontale correspond à une multiplication par dix).

Le grand héros de W^3 en 1995 aura été le feuilleteur Netscape.

consortium pour gérer son évolution de façon à ce que ce puissant instrument de publication demeure ouvert, fidèle en ceci à l'esprit de l'Internet. Ce consortium s'est placé sous la responsabilité conjointe du MIT (Massachussets Institute of Technology) aux Etats-Unis et de l'INRIA (Institut national de recherche d'informatique et d'automatique) en France.

La présence de W^3 contribue aussi à transformer la nature de l'Internet. En effet, par l'aide qu'il apporte à la publication, il tend à redonner un certain avantage aux fonctions d'information par rapport à celles de communication. Les entreprises privées ne s'y sont pas trompées et ont saisi l'occasion pour tenter d'effectuer des ventes à distance. Le Web apparaît vite comme un bon moyen de publier électroniquement un catalogue illustré. Du même coup, le nombre de sites commerciaux a commencé à augmenter au point que, actuellement, ceux-ci sont devenus largement majoritaires. Le mot «toile», traduction du mot *web*, renvoie à la notion de tissu, tout comme le mot «texte». Orné de son Web, l'Internet tisse entre tous les êtres humains une cotte hypermédiatique susceptible à terme de conduire le langage au-delà de lui-même et de lui donner une portée inédite. Réitération, en somme, de l'exploit effectué par l'écrit, puis par l'imprimerie, mais à une échelle tout autre.

Il a néanmoins temporairement menacé la communauté W^3 en offrant des extensions qui ne correspondaient pas aux standards établis de HTML. Lorsque l'utilisateur se branche sur W^3, l'écran affiche une page d'accueil (ci-dessus, une partie de l'écran) avec le menu. Le petit dessin humoristique souligne la vitesse foudroyante des changements : «Dans W^3, le bon vieux temps, c'était le mois dernier», explique la légende en anglais.

DOOM Gate
electronic Telegraph
CYBER
Music Internet Resources
NetPolitics
1996 Centennial Olympic Games
IBM
The Library of Congress
Founded in 1800
THE HOLY SEE
SITE
LES WEBS D'OR™
THE PHIL ZIMMERMANN LEGAL DEFENSE FUND
l'Unità 2
ReCherche
Silicon Graphics Global Sites
DOISNEAU
ABOUT NEXT
Bénin Contact
espace francophone
BLACKWELL'S
on the internet

Courrier électronique, News, communication en temps réel, équipes virtuelles de chercheurs, enseignement à distance, «galeries marchandes» virtuelles, les usages de l'Internet semblent démultiplier les possibilités d'échange en même temps que leurs modalités. Incubateurs de nouvelles formes de sociabilité, ils contribuent à créer des myriades de communautés d'un genre nouveau.

CHAPITRE V

L'INTERNET ET LE CYBERESPACE

Grâce aux «gants à données» (*datagloves*) et aux lunettes spéciales, le cybernaute est proprement acteur de l'espace virtuel. Cet équipement a été conçu pour des jeux vidéo et de simulation expérimentaux. L'utilisateur de l'Internet «surfe» dans un autre genre d'espace virtuel et des prix viennent désormais couronner les meilleurs sites.

Retour sur la communication

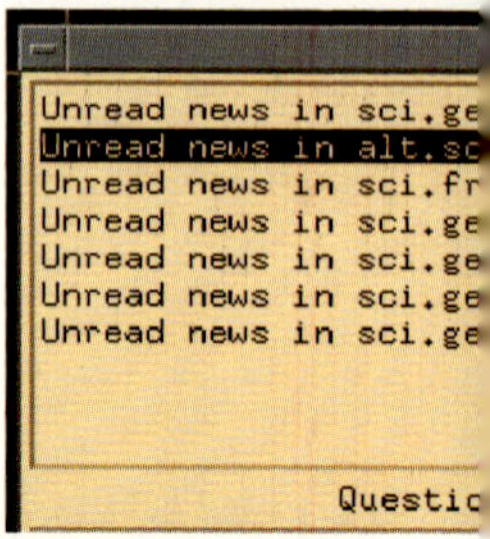

Le courrier électronique constitue toujours l'utilisation la plus fréquente de l'Internet. La rapidité et la facilité de communication qu'il offre représentent beaucoup plus que l'extension de fonctions déjà bien établies par la poste, le téléphone ou la télécopie; en fait il synthétise ces trois instruments en un seul et, de ce fait, crée un environnement exceptionnellement riche pour tout échange entre êtres humains. De plus, l'Internet suscite un style détendu et aisé, style qu'illustre bien l'usage des célèbres *smileys* et qui simplifie et encourage les contacts humains, au contraire de ce que l'on entend parfois dire à ce sujet. Chacun peut s'appuyer sur d'autres, beaucoup d'autres, pour trouver ou retrouver de l'information. Le tout constitue une sorte d'encyclopédie vivante qui dépasse de loin les possibilités de l'imprimé. C'est dans ce sens qu'il faut comprendre Vint Cerf quand il décrit l'Internet comme «mémoire du monde». Par-delà la mémoire statique, telle qu'on la trouve dans les sites FTP, l'Internet offre aussi une mémoire en acte, fondée sur l'interaction entre les hommes.

Forme particulière du courrier, les News offrent des milliers de thèmes, allant du sublime au ridicule, de l'idéal à l'odieux, images ambiguës de la complexité humaine.

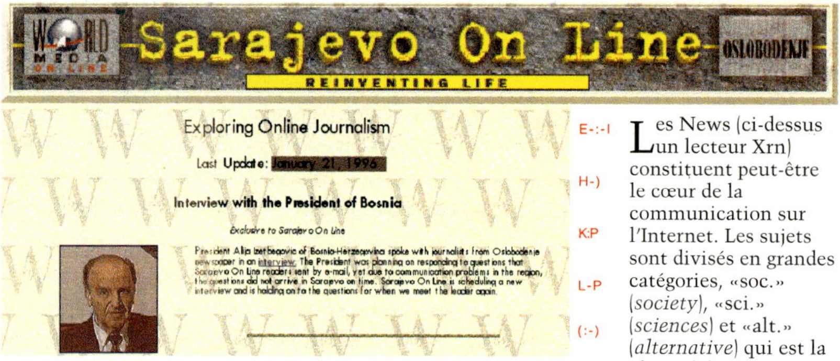

Les News (ci-dessus un lecteur Xrn) constituent peut-être le cœur de la communication sur l'Internet. Les sujets sont divisés en grandes catégories, «soc.» (*society*), «sci.» (*sciences*) et «alt.» (*alternative*) qui est la plus célèbre et celle dans laquelle se sont produits des cas de censure car elle regroupe entre autres les infos pornographiques.

On peut trouver sur l'Internet des informations qui n'apparaissent nulle part ailleurs, comme l'interview, ci-dessus, du président bosniaque Alija Izetbegovic sur *Sarajevo on Line*. La validation ou l'authentification de ce type d'informations demeure pourtant délicate. Ce nouveau contexte requiert une attitude beaucoup plus active et critique de la part du lecteur.

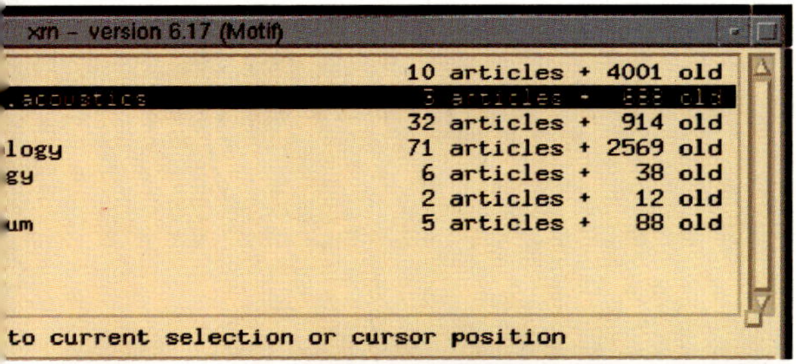

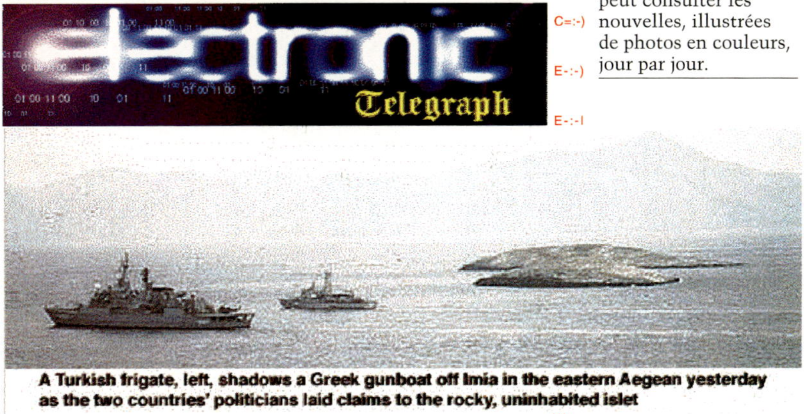

La publication électronique permet soit d'offrir une version électronique d'un produit imprimé, soit de créer des publications originales sur l'Internet, comme ci-contre l'*Electronic Telegraph*. Grâce à cette publication anglaise, n'importe qui peut consulter les nouvelles, illustrées de photos en couleurs, jour par jour.

Les politiciens y trouvent bien sûr matière à démagogie, mais au-delà de cette banalité, les News offrent une formidable source d'information et de communication vivante. Poser une bonne question au bon endroit dans les News, c'est s'assurer de réponses, souvent de haute qualité, en quelques heures. Quelque part sur la planète, quelqu'un partage l'intérêt le plus pointu, l'inquiétude la plus ésotérique. Les News permettent aussi la multiplication de toutes les diasporas imaginables.

Les charmes discrets de la communication en temps réel

Non seulement l'Internet facilite les communications, mais il en démultiplie les modalités et permet ainsi d'en inventer de nouveaux types. Avec Talk, on retrouve la

Les petits signes qui entourent ces pages, appelés en anglais *smileys* (mot dérivé de *smile*, «sourire») sont nés de la nécessité de nuancer des textes écrits souvent rapidement par des simulacres d'expressions faciales. Il faut tous les lire en penchant la tête vers la gauche (ou dans le cas présent en faisant pivoter le livre de 90° sur la droite). Ainsi :-) renvoie à deux yeux au-dessus d'un nez et d'une bouche souriante : c'est le *smiley* de base.

@:-) @:-} @:I @= B-) B:-) BI C=:-) E-:-) E-:-I ''')8-)):-( ):-) *:o) *<:-) +-(+-:-) +:-) ,-) ,-}

@:-) @:-} @:I @= B-) B:-) BI C=:-) E-:-) E-:-I H-) K:P L-P (:-) (:I ([( )8-)):-( ):-) *:o) *<:-) +-(+-:-) +:-) ,-) ,-}

communication en temps réel dans sa forme la plus simple, véritable téléphone par écrit. Plus riche de possibilités, l'Internet Relay Chat (IRC) offre à ses nombreux adeptes la possibilité de communiquer en se regroupant dans des «canaux» organisés thématiquement. D'un usage malaisé, l'IRC tend à perdre de sa popularité au profit des «Multi-User Dungeons» (MUD) et des «Multi-User Object-Oriented Environments» (MOO). Dans un MUD ou ses variantes, des espaces (pièces, grottes, châteaux, chambres à coucher, toilettes ou amphithéâtres) sont construits et définis par les utilisateurs sur le modèle des jeux de rôles; conversation et action se mélangent, permettant ainsi de recréer le simulacre verbal de n'importe quelle situation. Du combat fictif à la conversation intime, des univers ne cessent de se multiplier et de se diversifier, avec comme horizon ultime les espaces virtuels multimédias.

Un nouvel instrument de collaboration

A côté des exploitations ludiques de l'Internet, les chercheurs ont exploré les possibilités de ce nouvel environnement. Des équipes «virtuelles» de recherche se forment un peu partout. Au Canada, par exemple, Linda Harasim a mis sur pied un réseau portant sur le télé-enseignement, qui comporte plusieurs centaines de personnes dispersées sur 6 000 kilomètres. En France, les universités sont reliées entre elles par le Réseau national pour la technologie,

Le phénomène des cybercafés (ci-dessus) se répand dans le monde entier. Mi-restaurants, mi-«cyberports», mi-clubs de branchés, ce sont aussi des lieux de rencontre à la fois réels et virtuels. Les Internautes y explorent des formes de communication qui n'ont jamais existé auparavant. On retrouve ce phénomène dans les MUD et les MOO, outils conviviaux de structuration d'un espace virtuel. Ainsi, certains utilisateurs peuvent se retrouver dans un MOO ludique, pédagogique, comme ici le MOO en espagnol (en haut, à gauche) et celui de Cardiff (en haut à droite).

Cardiff MOO

l'enseignement et la recherche (RENATER) en passant par les réseaux construits par France-Télécom (lignes téléphoniques, fibres optiques, etc.). Le programme RENATER II commence à offrir des débits de transmission beaucoup plus élevés et reliera aussi lycées et collèges à l'Internet, ouvrant ainsi la voie à des activités nouvelles dans tous ces établissements. Des astronomes on pu mener une discussion théorique et publier des articles de recherche sans s'être jamais rencontrés. Tout le débat sur la fusion froide a pu aboutir rapidement à un constat négatif, en partie parce que les documents circulaient par l'Internet.

Petit à petit, les chercheurs du monde entier créent un maillage complexe et diversifié, qui va constituer le support, bientôt incontournable, de l'élaboration des connaissances. Dans ce maillage commencent à s'insérer les premières publications de recherche électroniques. Celles-ci évoluent elles aussi pour devenir les lieux de validation et d'archivage de ces séminaires planétaires qui se constituent progressivement.

Un chien dit à l'autre : «Dans l'Internet, personne ne sait que tu es un chien» (ci-dessous). Paru dans *The New Yorker*, ce dessin constitue probablement la plus célèbre des plaisanteries publiées sur le sujet. Il renvoie évidemment aux jeux de rôles que la communication par ordinateurs autorise. On peut imaginer, dans un futur proche, l'utilisation de MOO multimédias qui permettraient, en les pénétrant par l'Internet, de retrouver les effets de réalité virtuelle qui, actuellement, ne sont disponibles qu'à l'aide de lunettes virtuelles (ci-dessus).

Enseignement à la demande et à distance

Jim O'Donnell, professeur de latin et de grec à l'université de Pennsylvanie, sait bien que le sujet de ses chères études ne rassemble plus les foules. Vouloir organiser actuellement un séminaire sur saint Augustin requiert un certain optimisme. Jim O'Donnell a donc offert un séminaire «virtuel» par l'Internet. Il en a tiré quelques leçons. D'un côté, il a eu le

"On the Internet, nobody knows you're a dog."

plaisir de découvrir que plusieurs centaines de personnes s'intéressaient à Augustin. De l'autre, peu étaient prêts à payer pour suivre ce séminaire, ce qui pose implicitement la question du financement de telles activités. Dernier problème : comment valider un tel cours par un certificat ou un diplôme?

L'expérience de Jim O'Donell démontre que l'on ne transposera pas l'université dans le cyberespace par simple extension de pratiques traditionnelles. Inversement, elle démontre aussi l'importance de ne pas négliger ces nouvelles tendances. D'une part, les écoles et universités vont devoir se repenser sous la forme d'institutions dotées d'une portée potentiellement mondiale et simultanément soumises à une concurrence globale. D'autre part, dans le meilleur des cas, la fonction pédagogique, actuellement excessivement investie par le transfert des connaissances (cours magistraux, polycopiés) pourra laisser plus de place à la vocation centrale de l'université, à savoir l'éveil d'une pensée critique et la recherche. Ecoles et universités vont donc faire face aux défis entièrement nouveaux générés par le développement de l'Internet.

L'édition électronique savante est elle aussi en train de prendre son essor (ci-contre la revue littéraire, *Surfaces*, de l'université de Montréal). Elle offre la promesse d'une circulation plus rapide et peut-être plus équitable des produits de la recherche fondamentale.

Les règles du jeu commercial changent

Dès qu'elles s'ouvrent sur l'Internet, les compagnies font deux constatations fondamentales : les barrières douanières sont incapables d'exercer leur contrôle sur un flux toujours croissant de petites transactions, effectuées aux quatre coins du monde, et le nombre de clients augmente. La présence d'un réseau de réseaux bouleverse la taille des marchés accessibles. Elle permet également de contourner nombre d'intermédiaires. De jeunes artistes éprouvent des difficultés à trouver place dans les galeries établies?

Qu'importe! Ils proposent des «vernissages virtuels». Des chanteurs se heurtent aux refus des maisons de production de disques? Ils font connaître leurs compositions et interprétations par l'Internet.

De nouvelles «galeries marchandes» se créent chaque jour dans des sites Web. Pour le moment, il s'agit surtout de terrains d'essai visant à établir la viabilité de l'outil. Comment payer? Comment assurer un cadre légal sécurisant pour le vendeur comme pour l'acheteur?

Les ventes par l'Internet ont attiré plusieurs secteurs commerciaux, en particulier celui des livres. La librairie Gallimard à Montréal (ci-dessous son logo sur l'Internet) utilise aussi W[3] pour contribuer à la vie intellectuelle locale.

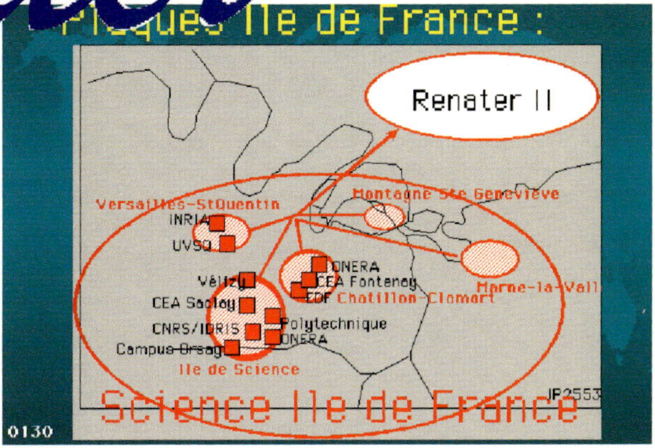

Comment assurer la sécurité des réseaux contre les assauts des pirates (*hackers* en anglais) toujours plus habiles? Telles sont quelques-unes des questions à résoudre pour assurer le développement du commerce par le moyen des réseaux. Aucune d'elles, sauf peut-être celle de la sécurité, n'est fondamentalement technique. Toutes requièrent un degré de coopération internationale inconnu jusqu'à maintenant.

Jim O'Donnell (à gauche) présente les ouvrages de saint Augustin qui ont fait l'objet d'un séminaire fort remarqué dans l'Internet vers 1993. Les chercheurs constituent encore un noyau important d'utilisateurs de l'Internet et, en France, RENATER a pour but d'aider les universités, écoles et laboratoires à se brancher sur l'Internet. RENATER II, dont une première implantation en Ile-de-France apparaît sur la carte ci-contre, offre non seulement des communications beaucoup plus performantes, mais étend également ses connexions en direction des écoles secondaires.

PURE
Maple Syrup
540 ml
PRODUCT OF QUEBEC
Delicious Pure Quebec Maple Syrup Y

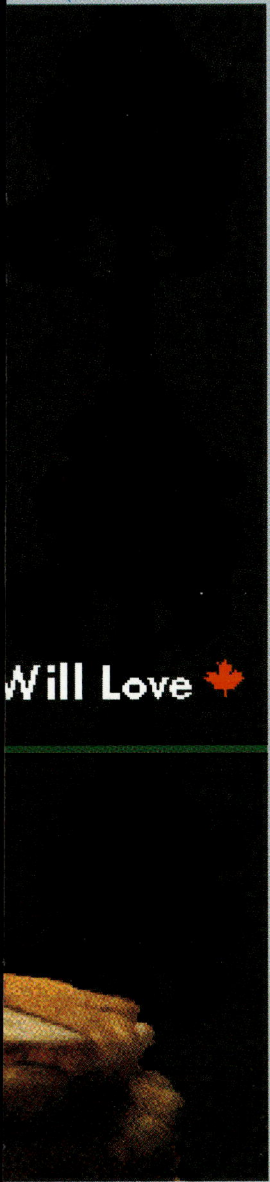

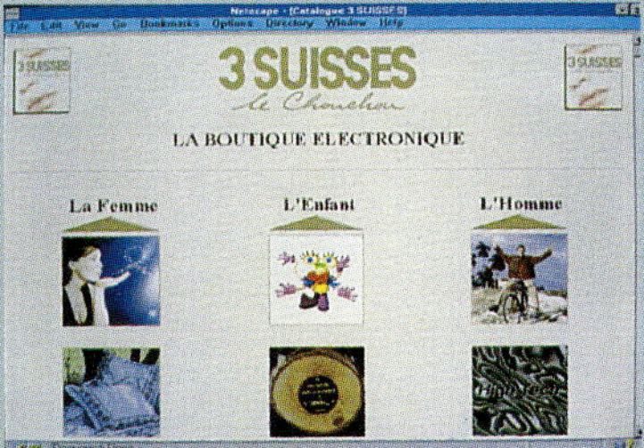

Depuis le retrait de la NSF sur l'Internet, le commerce est permis et de nombreuses entreprises en ont rapidement profité. On s'attendait à ce que les spécialistes traditionnels de la vente par correspondance utilisent l'Internet (ci-contre les Trois Suisses); on s'attendait aussi à ce que des artisans de luxe, tels le joaillier et le couturier italiens ci-dessous le fassent, on s'attendait moins à voir un petit producteur de sirop d'érable canadien proposer ses produits «on line».

Plus encore que le lieu d'un paradoxe, l'Internet est celui, pour nos esprits pragmatiques, d'une foule de questionnements souvent graves, en raison de sa propriété essentielle : mettre, en quelque sorte, en action le virtuel. Les enjeux – politiques, culturels, économiques, éthiques – de l'Internet et du cyberespace sont souvent considérables.

CHAPITRE VI

LES ENJEUX DU CYBERESPACE

L'Internet se déploie actuellement sur toute la planète à un rythme exponentiel. Rares sont désormais les pays sans aucune connectivité. C'est aussi un véritable défi lancé aux Etats qui ont tenté de contrôler l'Internet; ainsi l'administration Clinton avec la puce de cryptage «Clipper» (ci-contre, le logo anti-Clipper lancé par les cybernautes en colère).

Divers organismes internationaux utilisent l'Internet pour coordonner leurs actions. Greenpeace, célèbre par ses campagnes en faveur de l'environnement et ses manifestations récentes contre les essais nucléaires chinois et français, peut aisément tenir l'ensemble des usagers de l'Internet au courant de ses activités (ci-dessus et à droite).

Espace libertaire ou anarchie?

Par sa décentralisation, par son autonomie relative par rapport aux moyens physiques de transmission, par sa manière de se jouer des frontières, l'Internet donne parfois l'impression qu'une certaine anarchie est à l'œuvre et qu'elle fonctionne. En réalité, plus que d'anarchie, il faudrait parler d'espace ouvert à une appropriation d'inspiration libertaire. Par exemple, en favorisant les communications et les flux d'informations les plus diverses, on peut suivre les situations politiques de beaucoup plus près et surtout de plusieurs points de vue. L'Internet permet également de court-circuiter de nombreuses structures de pouvoir, ce qui revient à les affaiblir.

Multilinguisme et droit à la diversité culturelle

Dans l'univers Internet, toutes les langues ne circulent pas avec la même facilité. Pour le courrier, le code américain ASCII ne transmet intégralement que l'anglais et par hasard une ou deux autres langues comme le néerlandais. Dès qu'apparaissent accents, cédilles et autres signes diacritiques, des problèmes se posent. Les solutions à ces problèmes existent, mais elles requièrent l'adhésion d'une communauté très éparpillée, très décentralisée, pas toujours sensible à ce genre de questions. Elles seront de ce fait plus longues à mettre en œuvre. Par ailleurs, l'Internet, parce que la majorité des documents et la plupart des forums ou listes de discussion sont rédigées en anglais d'Amérique, donne l'apparence d'un instrument exclusivement au

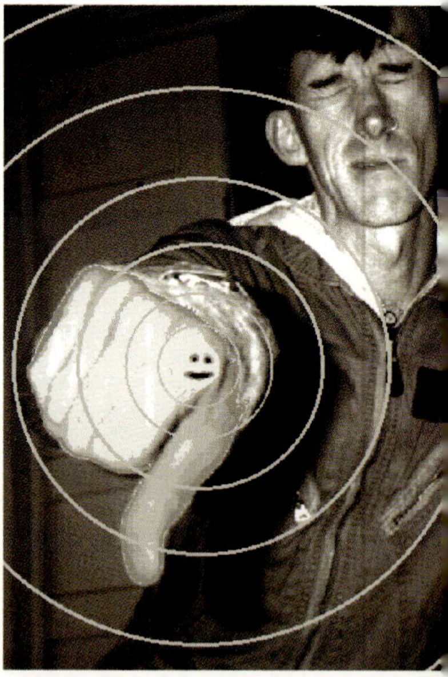

service de cette langue. Le spectre d'une grande technologie homogénéisante hante bien des esprits.

En fait, l'Internet, loin de constituer une menace pour les langues du monde, peut leur permettre au

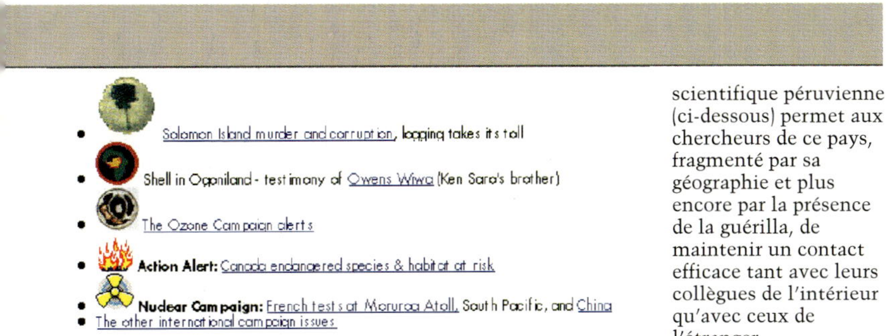

contraire de se donner (ou redonner) une portée mondiale. Ni territoire, ni marché, un espace linguistique dans l'Internet apparaît plutôt comme un carrefour où, grâce à une langue partagée, des milliers

ou des millions d'individus peuvent communiquer entre eux. Et s'entr'aider. Chaque espace linguistique apparaît alors comme une grande place publique dont l'identité dépendra autant des types de rapports que ses occupants choisiront d'entretenir entre eux que de la langue qu'ils choisiront. Assise particulièrement solide de la bigarrure humaine, les langues peuvent en effet contribuer à préserver la diversité des cultures. L'anglais, en jouant aussi ce rôle, peut trouver une façon d'équilibrer la fonction de *lingua franca* que, par ailleurs, il est appelé à remplir.

Le déploiement de réseaux contribue à désenclaver ceux qui sont isolés. Ainsi, celui de l'Association scientifique péruvienne (ci-dessous) permet aux chercheurs de ce pays, fragmenté par sa géographie et plus encore par la présence de la guérilla, de maintenir un contact efficace tant avec leurs collègues de l'intérieur qu'avec ceux de l'étranger.

Tom Jennings (à gauche), personnage haut en couleur, a mis sur pied le réseau FidoNet, qui repose sur des micro-ordinateurs bas de gamme, un petit logiciel de sa conception, des modems et des lignes téléphoniques, permettant à certaines parties du monde, l'Afrique en particulier, d'effectuer du courrier électronique en attendant l'arrivée de connexions Internet.

L'exemple de la francophonie

Quelques initiatives permettent d'illustrer ce qu'il est possible de faire à cet égard. Les activités regroupées sous l'étiquette humoristique de Frognet , sont parties de l'ambassade de France à Washington, largement sous l'impulsion de Bruno Oudet. Grâce à des forums et des informations mis à la disposition de tous, Frognet sert bien sûr les Français, en particulier ceux qui sont isolés, mais il a aussi rendu le fait francophone beaucoup plus accessible et attrayant au reste de la planète. Les sites de langue française se renvoient les uns aux autres et ainsi une véritable richesse documentaire se développe, fondée largement sur l'initiative de quelques passionnés. Or, chaque culture, chaque langue, si discrète soit-elle, a ses adeptes, soit par filiation directe, soit par goût acquis et l'Internet donne l'occasion de mettre en scène toutes les cultures. Dans cette perspective, une langue ou une culture n'est plus une forteresse, mais devient au contraire un lieu de rencontre, d'échange.

TCP/IP : un dispositif qui ne peut plus mourir

L'Internet peut résister à une attaque nucléaire parce qu'il ne s'agit pas d'un objet, mais bien d'un concept. Or, il est très difficile de détruire un concept. Celui d'Internet comporte deux facettes : à côté des protocoles publics et ouverts qui fonctionnent comme la langue propre aux

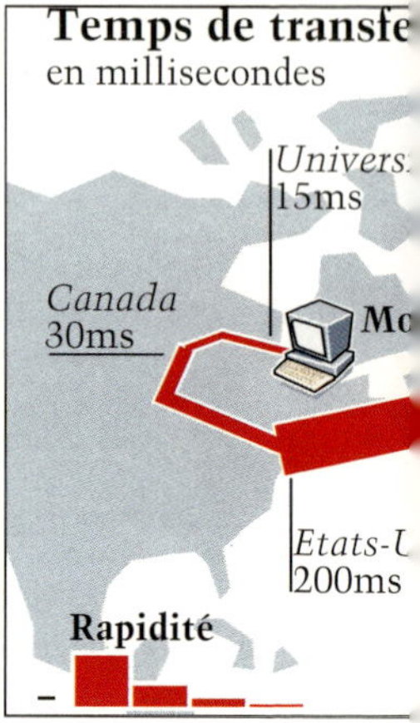

La mise en place du serveur Frognet, par Bruno Oudet, ici entre Vint Cerf (à droite) et l'ambassadeur de France à Washington, M. Andréani (à gauche).

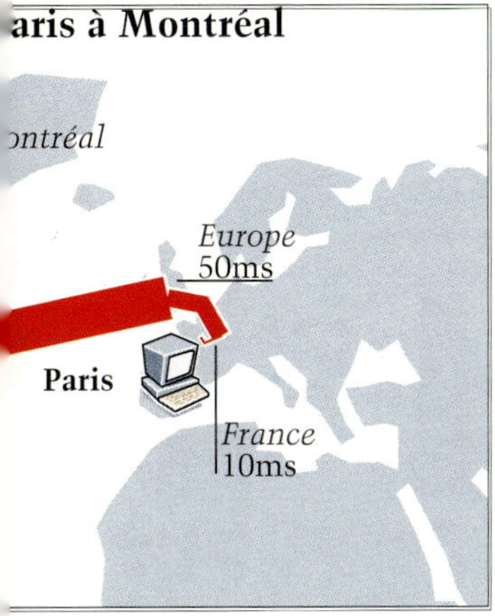

ordinateurs, existe aussi une organisation sociale extraordinairement décentralisée. Cette articulation subtile entre technique et sociologie explique en partie le succès de l'Internet; elle permet aussi d'affirmer qu'annihiler TCP/IP serait aussi difficile que tuer le français ou l'espagnol. On ne détruirait pas plus le français en faisant disparaître l'Académie française qu'en tentant de brûler tous les dictionnaires et toutes les grammaires. Le destin d'une langue est forcément solidaire de celui de ses locuteurs, mais son existence n'est pas remise en question pour autant. Il suffit de réfléchir au cas du latin ou à celui de l'hébreu pour saisir toute la capacité de résistance d'une langue.

D'autres dangers ont été évoqués au sujet de l'Internet : conçu à l'origine pour un nombre relativement limité de chercheurs, peut-il faire face techniquement à un usage de masse? Tenir à jour l'accroissement rapide du nombre des adresses à travers le réseau constituait un problème difficile à résoudre. La mise au point du Domain Name Server (DNS), procédure intégrée et décentralisée de vérification des adresses, a permis à l'Internet de croître sans recourir à une autorité centrale, mais d'autres difficultés subsistent. Tandis que le manque possible d'adresses trouve des réponses, les goulots d'étranglement semblent renaître dès que résorbés par des connexions plus puissantes, en particulier entre l'Europe et l'Amérique du Nord. Pourtant, au total, l'Internet continue de mettre en évidence cette remarquable capacité d'adaptation qui lui a permis non seulement de survivre, mais aussi de croître rapidement et même de résister aux tentatives prédatrices de certaines grandes compagnies privées.

Dans le cyberespace, la distance se transforme en délais qui sont liés à la surcharge des «tuyaux» disponibles (à gauche, les connexions de RENATER entre la France et le Canada et les zones d'encombrement). Les négociations complexes entre les grands opérateurs, confrontés à des problèmes de croissance, et l'utilisation gourmande de la bande passante expliquent en partie cette situation.

Le développement du réseau, comme celui de l'imprimé à la Renaissance, en fait un formidable support de la diffusion des idées. Pas plus que les livres, l'Internet ne peut être menacé de disparition par la censure, quand bien même celle-ci irait jusqu'à l'autodafé, ainsi que l'a imaginé Ray Bradbury dans son roman d'anticipation *Fahrenheit 451*, porté à l'écran par François Truffaut (ci-dessus).

Les nouvelles solidarités

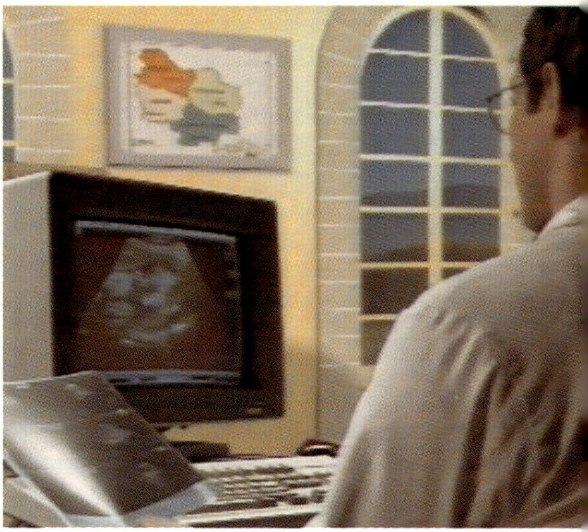

En replaçant la communication au cœur de la formation des groupes humains, et en permettant à ces regroupements de s'effectuer très librement, au gré d'affinités communes, l'Internet offre un nouvel outil d'organisation humaine qui, sans se substituer aux modes d'organisation actuels, va se superposer à eux. Lorsque, à l'échelle de la planète, des alcooliques, des drogués ou des cancéreux cherchent à s'entraider, de nouvelles communautés émergent et de nouvelles formes d'individualité se révèlent. De nouvelles formes de solidarité surgissent. Ainsi, un patient anglais peut comparer son traitement à celui d'un compagnon d'infortune

L'Internet permet aussi les téléconférences. Ainsi, en aéronautique, la recherche peut regrouper différents pays et l'ONERA (ci-contre) a développé des outils pour aider des chercheurs dispersés sur tout le territoire de la Communauté européenne à travailler ensemble efficacement. Avec un logiciel adéquat, chaque participant suit le visage de ses collègues qui est filmé en temps réel (bas de l'écran dans l'illustration) tout en travaillant sur le même document.

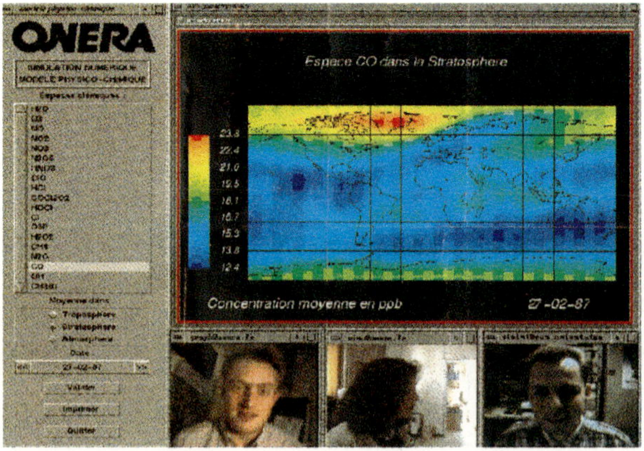

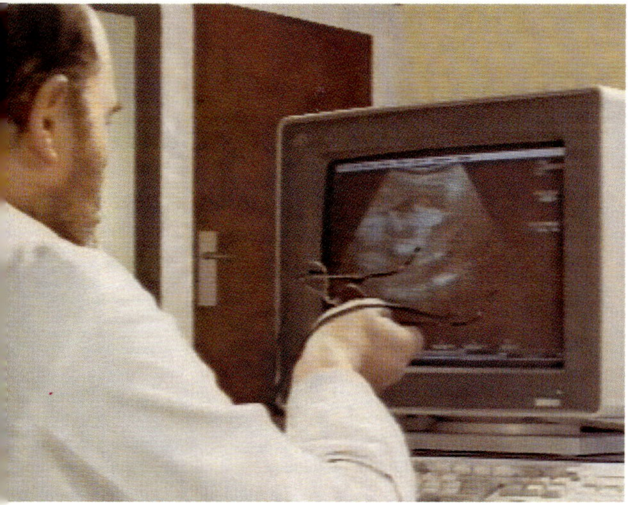

Tous les instruments de communication cherchent à maîtriser le temps et l'espace, mais on n'avait jamais été aussi loin avant la mise en place des réseaux planétaires. Ci-contre, des médecins travaillent ensemble et à distance sur un même cliché échographique qui est transmis d'un site à un autre en temps réel, coordonnant ainsi leur diagnostic. Ces nouveaux moyens de communication et de transmission de données complexes diffusent des ressources médicales de très haut niveau dans n'importe quel pays, quelle que soit sa taille ou son degré d'isolement. Un médecin généraliste, travaillant par exemple dans le Grand Nord canadien, peut s'appuyer sur les conseils de spécialistes qui ne se trouvent que dans les plus grands centres urbains. Des collaborations internationales s'établissent même entre équipes médicales dans la mesure où les règles professionnelles légales, voire culturelles, ne s'opposent pas à ces types d'échanges.

en Australie ou aux Etats-Unis et en tirer à la fois soutien et une autonomie relative face à la structure médicale locale. Le malade connecté à l'Internet n'est plus un malade isolé; il rééquilibre au contraire le regard clinique local par d'autres regards relayés d'ailleurs à partir d'autres traditions ou paradigmes. Le pouvoir médical, la notion même d'expertise et d'autorité, subissent de ce fait des déplacements fondamentaux.

Parallèlement, l'Internet permet de distribuer les compétences médicales sur de vastes territoires isolés grâce au télé-diagnostic, ouvrant ainsi de nouveaux champs d'action aux médecins. Cet exemple montre combien les activités professionnelles mais aussi l'accueil des services se trouvent modifiés par la communication globale.

Le problème de la censure

La censure est pratiquement impossible à appliquer dans l'Internet. Ce qui ne passe pas par un canal, passe par un autre. La radio par paquets se joue des frontières. La cryptologie se répand partout tandis que les sites qui permettent de rendre les messages anonymes se multiplient. Du point de vue de l'Internet, une censure prend l'apparence d'un problème de connexion. Une autre voie est cherchée, trouvée, et le message passe. Cette situation a permis à la compagnie soviétique Relcom de contourner le KGB lors de la tentative de coup d'Etat contre Mikhaïl Gorbatchev en août 1991 en URSS. Le même principe a permis au commandant Marcos de faire passer dans le monde entier des messages sur la révolte du Chiapas

Une simple ligne téléphonique a suffi en 1995 aux révoltés du Chiapas, au Mexique, pour contourner l'armée (ci-contre) et faire connaître au monde leurs revendications. Le gouvernement mexicain a été pris de court, tout comme en 1991 les putschistes russes (ci-dessous le logo du réseau Relcom). L'information circule à peu près librement, mais la désinformation aussi.

On-Line Service Blocks Access To Topics Called Pornographic

en dépit de l'étau gouvernemental mexicain. Que ces messages soient fiables ou non constitue une autre question, mais personne n'a pu les empêcher de passer. Un micro-ordinateur doté d'un modem peut s'avérer désormais aussi dangereux pour un Etat qu'une division blindée, plus peut-être.

Par ailleurs, l'Internet ne peut pas plus bloquer les documents pornographiques que les messages politiques. Dans tous les cas, la répression s'avère problématique, voire impossible, ce qui n'est pas pour déplaire aux pornographes. Ni à certains politiciens qui voient là matière à produire des spectacles moralistes, à la fois édifiants et rentables sur le plan électoral.

La propriété et le droit d'auteur

L'imprimé a contribué à l'expression de l'individualisme dans sa diversité. L'auteur, par exemple, en dépend, comme en dépend aussi le sujet juridique. Le dépassement d'une tradition orale en droit et l'établissement d'une véritable jurisprudence n'étaient guère praticables avant l'imprimé. Or, toute cette assise est bouleversée par la numérisation, surtout lorsqu'elle est couplée au réseau Internet. Un oiseau numérisé ne connaît pas de cage pourrait-on dire, et c'est ce simple aphorisme qui inquiète tant. En effet, comment contrôler la circulation économique d'un document numérique? Modifié sans grande difficulté, ce dernier peut aisément se copier et se multiplier et, de là, se diffuser silencieusement, voire de façon non détectable, aux quatre coins de la planète.

Que faire du droit d'auteur dans le monde numérisé, là où le destin de tout document semble être de participer à une immense dérive textuelle auprès de laquelle celle des manuscrits du Moyen Age paraît modeste. Et que faire, dès lors, de l'auteur? Par ailleurs, l'un des paradoxes de l'Internet, et non des moindres, c'est que les figures (ou apparences) d'individualisme qui semblent l'habiter peuvent déboucher sur des formes de sociabilité d'autant plus difficiles à saisir qu'elles ne correspondent pas

«Un fournisseur de services télématiques bloque l'accès à des sujets désignés comme pornographiques» : ce titre du *New York Times* (à gauche) relate la tentative de censure des documents pornographiques qui circulaient sur CompuServe, un des plus importants fournisseurs de connexions en Allemagne. Ce geste paraît dérisoire pour plusieurs raisons. D'abord, si l'accès direct à un site où se trouvent placés des documents jugés indésirables est interdit, un accès indirect est toujours possible. Ensuite, ces documents sont placés dans des forums bien identifiés, qui jouent de ce fait le rôle d'«abcès de fixation». Une répression mal conçue pourrait donner lieu à l'irruption soudaine de ces documents dans les forums les plus innocents. Enfin, aucune surveillance, même couplée à des ententes internationales, ne peut prétendre contrôler des documents faciles à crypter de mille et une manières.

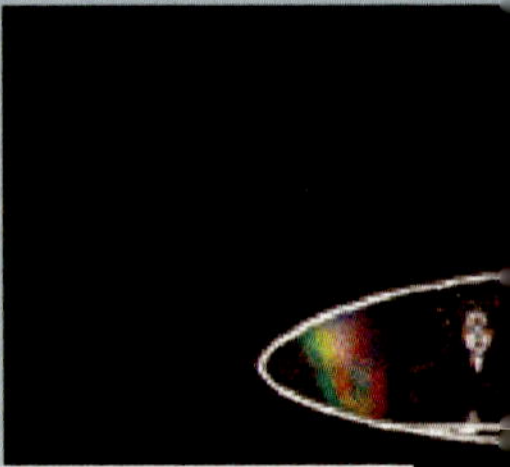

Auteurs en quête de droits multimédias

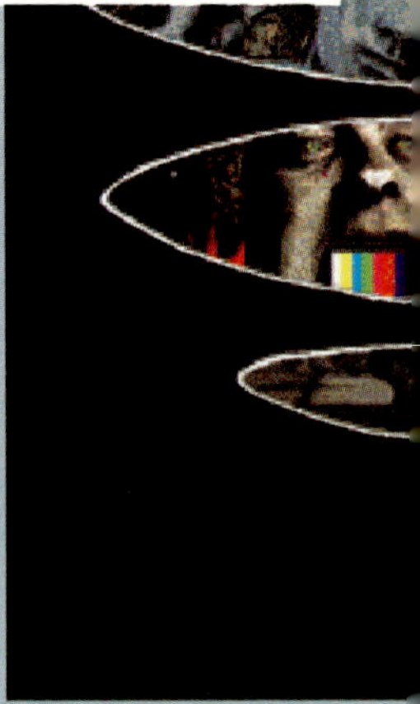

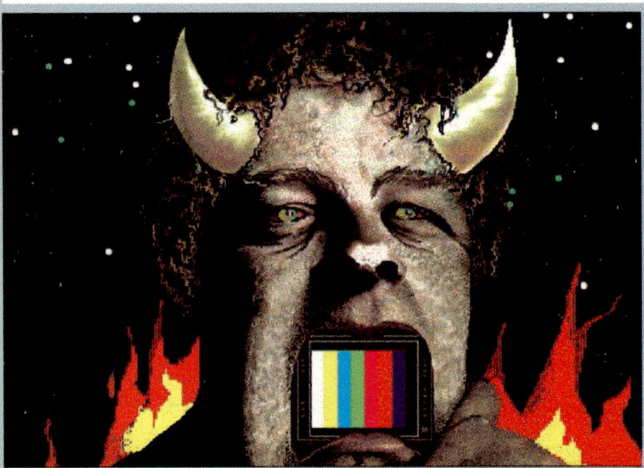

Le détenteur d'un document numérisé peut facilement le disséminer, sans perte de qualité, en autant d'exemplaires qu'il le désire. Il existe quelques parades techniques à cette situation, mais aucune, aujourd'hui, n'est entièrement satisfaisante. Outil fabuleux lorsqu'il s'agit de diffuser l'information, la numérisation soulève des problèmes lorsqu'il s'agit d'en préserver la valeur économique. Ainsi, certains serveurs proposent-ils des reproductions photographiques, comme Glyphs, (en haut, page de gauche), mais les artistes et auteurs de ces images ont raison de se demander comment protéger leur propriété intellectuelle (titre de *Libération* page de gauche). La réponse à de telles questions est susceptible de conduire à des modifications en profondeur des pratiques artistiques. L'Internet peut alors devenir un lieu d'exposition, galerie virtuelle («Artistes en réseau», ci-contre), mais son intervention va aussi modifier notre rapport à l'art. Ce qui est vrai pour les arts visuels s'étend aussi à la musique, qui peut, bien sûr, elle aussi être numérisée (en bas, la page web de RRS).

aisément à l'opposition classique entre individualisme et collectivisme. Plus concrètement, l'irruption du cyberespace peut remettre en cause les formes traditionnelles de la propriété intellectuelle, problème crucial pour une économie qui se dit «de l'information».

La souveraineté des Etats

Le concept de souveraineté nationale éprouve également des difficultés à la rencontre d'un réseau numérisé et planétaire tel l'Internet. Données, flux d'argents et documents divers, cryptés ou non, circulent à travers divers réseaux en se jouant des contrôles, des frontières. Ainsi, dès que Phil Zimmermann, spécialiste de cryptologie, a laissé se diffuser le logiciel de codage à clef publique Pretty Good Privacy (PGP), celui-ci ne pouvait plus être rattrappé. Or, ce logiciel permet d'assurer à peu près totalement le secret de toute communication. Instrument de protection de la confidentialité, il donne aux individus, qui peuvent être aussi bien des mafieux que des libertaires de bon aloi, une arme redoutable que les Etats actuels ne savent pas neutraliser. Le gouvernement américain a même renoncé, depuis le 11 janvier 1996, à poursuivre Phil Zimmermann.

Plus généralement, on peut se poser une grave question. N'est-ce pas le concept même d'Etat qui s'en trouve fragilisé? Est-ce l'objectif souhaité par certains, ou s'agit-il d'une confusion, potentiellement

En diffusant son logiciel PGP, Phil Zimmermann a lancé un processus aux conséquences politiques imprévisibles. On peut transmettre toutes sortes de documents. L'administration Clinton a tenté, en vain, d'imposer le système de cryptographie, «Clipper» auquel la police aurait pu accéder après accord préalable d'une instance judiciaire. La cryptographie, pour certains, est un droit, ce que symbolise (ci-dessus) la main numérisée qui se saisit de ce droit.

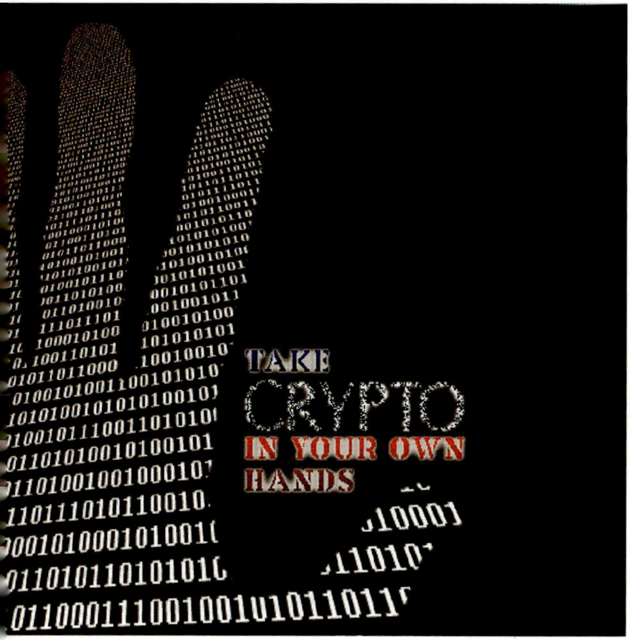

PGP repose sur le système à clef publique. Si Dupont code un message avec la clef publique de Durand, seul ce dernier peut décrypter le message de Dupont avec sa clef privée. Dupont lui-même ne peut plus décrypter son propre message (dessin ci-dessous). Si Durand, avec sa clef privée, code sa signature, toute personne pourra la décoder à l'aide de la clef publique, ce qui l'authentifie puisque seul Durand a pu coder ainsi sa signature.

désastreuse, entre le désir de réduire les fonctions de l'Etat et ce qui rend possible son existence même? Situé entre l'anarchie comme principe politique et le territoire frontière qui attend encore l'instauration de la loi, le «Far West virtuel» en somme, le cyberespace soulève toutes les questions politiques et sociales qui relèvent de ce statut ambigu.

De telles questions montrent bien que la numérisation de notre civilisation et sa mise en réseau généralisée comportent promesses gigantesques et enjeux fondamentaux, voire terrifiants. Il ne s'agit d'ailleurs pas de transformer ces interrogations en énoncés

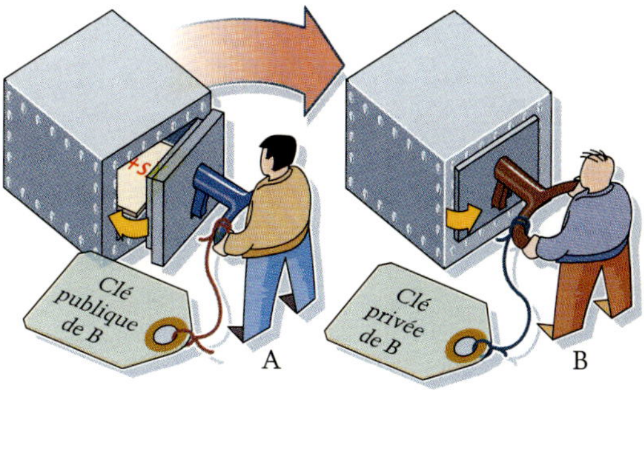

apocalyptiques; mais, inversement, ne pas se préoccuper de ces questions serait bien léger. En fait, un grand effort de réflexion devra être mené autour de ces questions, semblables aux efforts effectués par les philosophes du XVIIIe siècle lorsque ceux-ci ont tenté de réfléchir à un au-delà du féodalisme.

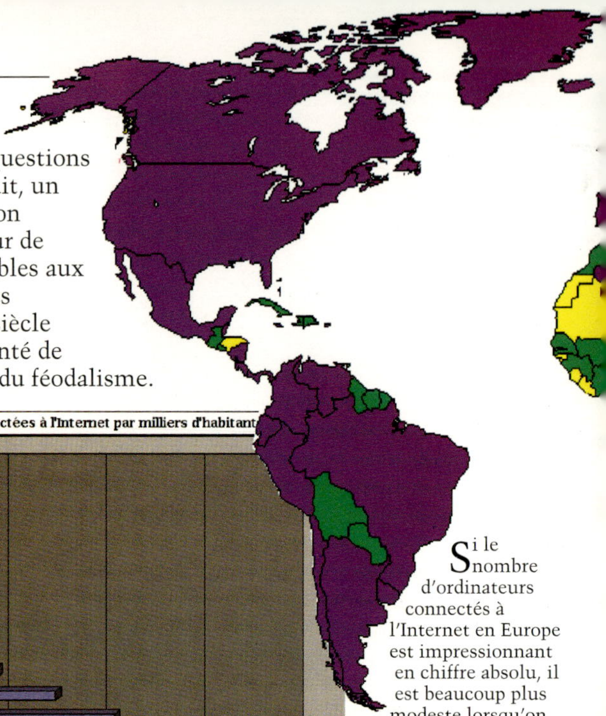

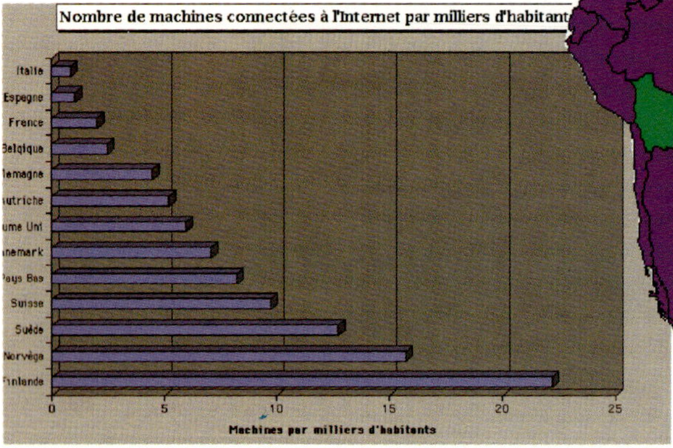

Si le nombre d'ordinateurs connectés à l'Internet en Europe est impressionnant en chiffre absolu, il est beaucoup plus modeste lorsqu'on le rapporte à la population de chaque pays. La France, en 1996, accuse encore un retard sensible sur ses voisins, situation peut-être liée à une certaine difficulté de dépasser le stade de la télématique qu'incarne le Minitel.

Notre tâche est peut-être plus difficile encore que celle du siècle des Lumières car elle touche des phénomènes au moins aussi profonds, plus rapides aussi, et plus complexes encore car ils se déploient à l'échelle de la planète entière.

L'avenir de l'Internet

Indestructible, propriété et responsabilité de tous, l'Internet ne peut plus être ignoré de personne, pas même des gouvernements ou de grandes compagnies comme IBM ou Microsoft. Celles-ci se sont d'ailleurs ralliées en comprenant que maintenir les protocoles de l'Internet dans le domaine public constituait finalement la meilleure façon de favoriser les activités de tous, les leurs comprises. Pour cette raison, on imagine mal comment les autoroutes de l'information ou de la communication pourraient ne pas emprunter les protocoles de l'Internet.

Quant à la capacité de transit des principaux tuyaux, même si de nombreuses périodes d'attente et d'encombrement peuvent frustrer les usagers, elle correspond à des problèmes de croissance et de répartition de ressources. Internet ne sera pas remis en question par un manque temporaire de débits de transmission. Cela ne veut pas dire, par ailleurs, qu'il ne faut pas se préoccuper de cette question, et beaucoup dans l'IETF (Internet Engineering Task Force) et dans l'Internet Society y travaillent activement. Mais le concept de l'Internet se situe à un niveau plus profond que ces difficultés matérielles, si bien que celles-ci n'aident guère à trouver les clés de son avenir.

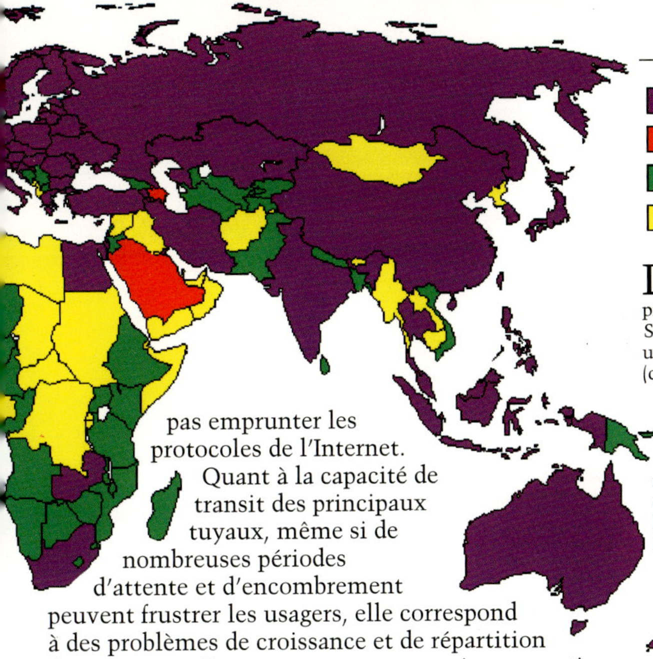

Larry Landweber, aujourd'hui président de l'Internet Society, tient à jour une carte de la planète (ci-contre, fin 1995) qui révèle clairement les disparités mondiales en matière de connectivité : l'Afrique demeure très isolée par rapport au reste du monde, l'Internet est surtout développé dans les pays riches. Steve Goldstein a souvent joué le rôle de négociateur et d'ambassadeur de l'Internet en tant que directeur de programme au sein de la direction réseau et communication de la NSF.

Les outils permettant une utilisation toujours plus riche des possibilités de l'Internet vont continuer de se multiplier. La vague d'innovations qui, en quatre petites années, a conduit d'une bibliothèque sans catalogue aux publications multimédias et auto-exécutables du W^3, assorties de Java et lues par Netscape, est donc loin de s'écrêter. L'Internet que l'on rencontrera dans quelques années ne ressemblera pas plus à sa version actuelle que celle-ci, abordée à travers un feuilleteur graphique, ne rappelle les anciens écrans FTP ou Gopher en mode ASCII.

Tout ceci peut paraître impressionnant, voire quelque peu prophétique. Pourtant, l'essentiel est

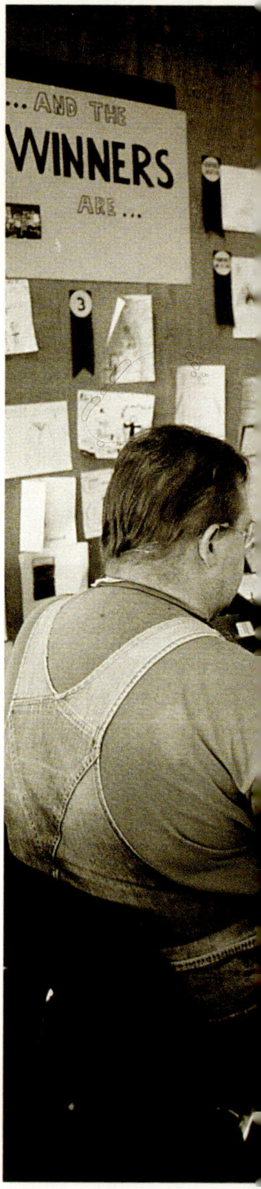

ailleurs : un protocole ouvert, qui évolue de façon décentralisée mais de manière efficace, s'est déjà imposé à une fraction suffisante du monde numérisé actuel pour assurer non seulement sa survie, mais surtout son rôle d'assise à toute la civilisation numérique en train de voir le jour.

«info riche» et «info pauvre»

Le taux de croissance de l'Internet, toujours exponentiel, ne ralentira pas immédiatement puisqu'il faut considérer que de plus en plus d'ordinateurs se relient entre eux. Il n'empêche que de nombreux problèmes de connectivité demeurent, aussi bien dans les pays riches que dans les pays pauvres. Dans les pays riches, une inquiétude subsiste, qui repose sur la distance entre les nantis en moyens de communication et les autres. Cette distance est-elle effectivement en voie de se résorber? L'introduction de technologies nouvelles constitue souvent l'occasion, hélas, d'accentuer les dénivellations sociales. Dans le cas présent, les effets anti-égalitaires pourraient s'avérer particulièrement sévères et donc inacceptables. Face à ces sombres perspectives, diverses initiatives offrent de l'espoir. D'abord le mouvement des Freenets lancé à Cleveland aux Etats-Unis et rebaptisé Libertel à Montréal, rappelle qu'il est possible de réutiliser des formes coopératives pour offrir des accès gratuits ou peu coûteux à tous. Plusieurs municipalités nord-américaines et européennes (Bologne, Amsterdam...) ont compris l'avantage de créer un tel service.

Ensuite, des bornes gratuites d'accès à l'Internet sont ouvertes au public, souvent dans des bibliothèques publiques. Celle de Portland, dans l'Oregon, attira l'attention de clochards qui acquirent ainsi une connaissance remarquable des ressources de l'Internet. Bons princes, ils aidèrent quelques bibliothécaires en remerciement pour leur hospitalité tolérante et, raconte-t-on, un ou deux purent même se réinsérer dans le «monde du travail» en obtenant, grâce à ce stage déguisé, un emploi lucratif.

Dans le reste du monde se posent des problèmes analogues, mais beaucoup plus dramatiques par leur ampleur. L'Asie commence enfin à se connecter. Ainsi, Steve Goldstein, de la NSF, qui a participé au branchement de nombreux pays à l'Internet, a récemment annoncé celui de la Mongolie extérieure. En Chine, l'arrivée de l'Internet soulève de nombreuses craintes. L'Amérique latine, de l'Argentine au Mexique en passant par le Brésil, le Chili et le Pérou, se fait de plus en plus présente dans le cyberespace. En revanche, l'Afrique noire demeure largement ex-communiée pourrait-on dire. Les efforts

L'extension de l'Internet se mesure de diverses manières. Géographiquement, d'abord. Le fait que l'URSS se soit tenue à l'écart du reste du monde jusqu'en 1989 n'a pas empêché l'arrivée de l'Internet en Russie quelque temps plus tard. Ci-dessus, Mikhail Popov pose dans les locaux du fournisseur de services «Kremvax» lors du branchement en 1993. De même, l'isolement des îles Galapagos n'a pas davantage résisté à la croissance de l'Internet; en haut à gauche, Xavier Baguero qui a participé à l'inauguration du premier branchement.

Aux Etats-Unis, on utilise de plus en plus l'Internet pour améliorer les services municipaux. Ainsi, la ville de Blacksburg s'est dotée d'un véritable double électronique (au centre) qui multiplie les possibilités de contacts entre les habitants.

pourtant n'y manquent pas mais l'état des réseaux téléphoniques, qui pourraient servir de vecteurs, y est souvent lamentable. L'Afrique du Sud entend jouer un rôle pilote dans ce domaine et le président Nelson Mandela est très sensible à ces questions. L'Internet Society, lors de ses congrès annuels, offre des ateliers de formation pour le tiers-monde. De leur côté, diverses agences francophones comme l'AUPELF-UREF, l'ACCT ou l'ORSTOM implantent petit à petit des connexions en Afrique. A titre d'exemple, l'AUPELF, profitant du sommet de la francophonie à Cotonou, a branché le Bénin sur l'Internet et rappelé du même coup au monde entier, en diffusant sur le réseau une série de magnifiques photos, que le vaudou était né dans ce pays.

Vers le cyberespace intégral

William Gibson, en publiant *Neuromancer*, conservera à jamais l'honneur d'avoir créé le mot «cyberespace». Ce roman «cyberpunk», sorti par coïncidence en 1984, se fait en partie l'écho de celui, célèbre, d'Orwell. Apre et «dystopien» (relevant de l'utopie pessimiste), le cyberespace y apparaît d'abord comme le lieu d'une «hallucination consensuelle» placée sous le double

William Gibson (ci-dessous) est le créateur du mot «cyberespace», il lui a donné une coloration plutôt pessimistequi ne correspond pas à l'Internet jusqu'à aujourd'hui : «Le cyberespace. [...] Une complexité impensable. Des traits de lumière disposés dans le non-espace de l'esprit, des amas et des constellations de données. Comme les lumières de villes, dans le lointain» (*Neuromancien*).

signe d'une violence extrême et d'un capitalisme poussé à son paroxysme. Mais le cyberespace incorpore aussi la vision d'une conscience collective, un cerveau de cerveaux en somme, nouvel horizon d'une humanité reconstituée autrement. Se retrouvent, dispersés çà et là, les indices clairs d'un imaginaire fort qui travaille le concept d'Internet en forme d'utopie. Autant qu'à son efficacité technique, la résonance actuelle de l'Internet doit son intensité à une reprise de thèmes profondément enfouis dans nombre de cultures.

Lieu utile, mais aussi lieu habité par des formes d'espoir, l'Internet aveugle autant qu'il éclaire. Il se pare de la même transparence que devait arborer l'imprimerie aux yeux de Gutenberg. Pourtant ce dernier ne pouvait imaginer que son invention permettrait un jour de diffuser des versions concurrentes de la Bible et encore moins les œuvres d'un marquis de Sade. De la même façon, on ne peut guère prévoir comment l'on utilisera l'Internet dans cinqante ou cent ans, ni comment les êtres humains s'en trouveront modifiés, transformés.

Un nouveau sens du territoire

Dans un beau livre pétri de nostalgies intelligentes, *L'Invention de la vitesse*, Christian Studeny rappelle que le chemin de fer a contribué à créer un nouveau sens du territoire. D'archipel linguistique, culturel et politique dont l'unité se fondait exclusivement sur la violence du roi, la France «ferroviaire», aidée en cela par l'école et le service militaire, se reconstitue et se vit différemment. La transformation du sujet en

Symbole des progrès, lents mais réels, du branchement des pays africains, le Bénin est désormais accessible partout grâce aux efforts de l'AUPELF-UREF (association des universités francophones).
Le serveur «Bénin contact» diffuse entre autres une belle collection de clichés ethnologiques exploitable par les chercheurs du monde entier. Parallèlement, l'Agence de coopération scientifique et technique et l'ORSTOM avec son Réseau intertropical d'ordinateurs (RIO) cherchent également à connecter l'Afrique francophone : ainsi l'étaient déjà fin 1995 le Burkina-Faso, le Sénégal et le Cameroun.

citoyen français complet est achevée. Parallèlement, l'intensification des échanges et des déplacements a commencé par avantager la langue française aux dépens des langues régionales, par stimuler le développement de Paris par rapport aux autres villes. La tendance à l'homogénéisation a d'abord dominé. De ce fait, elle a inquiété.

Mais l'échange ne fonctionne bien que sur fond de différence acceptée et le territoire découvre alors qu'il lui faut aussi et pleinement intégrer la diversité. Entre temps, cette dernière s'est elle aussi modifiée; elle est vécue désormais sur une base de confiance et de curiosité réciproques, et non sur le mode de l'étrangeté génératrice d'hostilité. Un mot, peut-être risqué, se présente à l'esprit dès lors, celui de métissage, mais un métissage aux formes multiples et mouvantes qui n'entretient que de lointains rapports avec l'uniformisation et son cortège de médiocrités.

La planète comme champ d'action

Le champ d'action du chemin de fer coïncide avec le territoire national. Son horizon se nomme continent, ce qu'a fort bien vu Jules Verne. L'avion prend le relai à l'échelle continentale, et trouve son horizon dans la planète elle-même. L'Internet parachève en quelque sorte ce mouvement et prend délibérément la planète comme champ d'action. Il devient ainsi le pendant du satellite, qu'il mobilise d'ailleurs à l'occasion, et intériorise par l'acte de communication ce choc psychologique, au demeurant salutaire, qu'a engendré la première photo de la terre prise à partir de l'espace. Il ouvre ainsi la perspective d'une appartenance réelle à la planète bleue comme le chemin de fer a renforcé la possibilité d'une appartenance nationale. Appartenance ni défensive, ni offensive, mais plutôt garante de la constitution de cette machine perpétuelle qui pourrait enfin porter le beau nom d'humanité. Au total, aucune fatalité autre que celle du changement n'attend le citoyen du cyberespace. Et les directions adoptées

Le symbole de la résistance à la censure et à la libre expression dans l'Internet a pris la forme du ruban bleu, traditionnellement arboré aux Etats-Unis, par ceux qui mettent en avant leur civisme. Certains serveurs se font aujourd'hui un devoir de l'afficher.

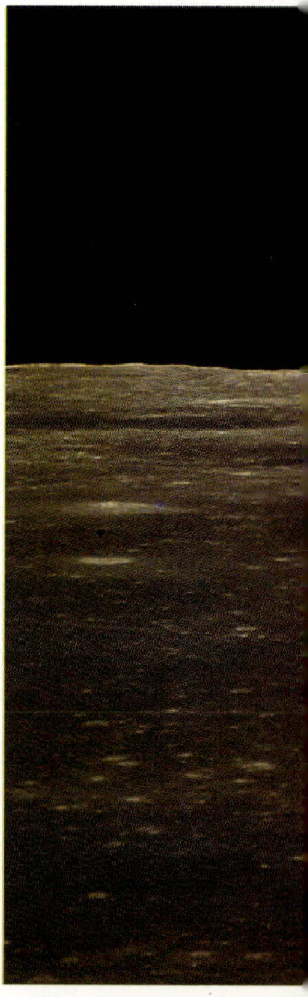

dépendent seulement de chacun d'entre eux, car ce citoyen ne peut être passif.

Naïveté? Idéalisme? Universalisme déplacé? Cosmopolitisme dangereux? Bien sûr! Tout cela et pire encore! Il faudra penser la différence différemment, certes. Et réitérer sans cesse la prééminence nécessaire de la communication par rapport à l'information. Ainsi pourra-t-on souligner à quel point la devise de la Internet Society est juste : «*Internet is its own revolution*», proclame-t-elle, ce que l'on pourrait traduire par «l'Internet, c'est la révolution dans la révolution».

La loi américaine de 1996 sur les télécommunications s'accompagne de mesures répressives à l'encontre des documents de nature pornographique. L'EFF et d'autres organismes ont immédiatement décidé de tester en justice la constitutionnalité de ces clauses. On peut s'attendre à une longue bataille juridique, mais l'Internet continue de croître dans un esprit d'ouverture décentralisé, qu'incarne si bien, par exemple, Paul Mockapetris (ci-dessous), l'actuel président de l'IETF. La planète s'auto-organise lentement. Nous sommes tous sur la plage du cyberespace...

sounds were meant to be HEARD
Shockwave version
Explorer version
Software
@The Company
Hot Spots
"Say What?"
Search
Welcome to TIME World Wide
TIME
TIME DAILY
SPECIALS
MESSAGE BOARDS
DOES A FLAT TAX MAKE SENSE?
THE HOLY SEE
Internet Society
NINTENDO POWER
CYBER
CONSOLES COW-BOYS
TECHNO DELIRIUM
CYBER CRANE
VATICAN WEB SITE
Unread news in sci.geo.geology 10 articles + 4001 old
Unread news in sci.fractals 32 articles + 914 old
Unread news in sci.geo.hydrology 6 articles + 38 old
Unread news in sci.geo.eos 2 articles + 12 old
Unread news in sci.geo.petroleum 5 articles + 88 old
Questions apply to current selection or cursor position
Quit Read Next Prev Catch up Subscribe Unsubscribe Goto group
All groups List old Rescan Prev group Select groups Move Exit
Checkpoint Gripe Post
Silicon Graphics
Global Sites
In my day there was no Internet! I had to walk miles in the snow to write smut on restroom walls!
1996 CENTENNIAL OLYMPIC GAMES
IBM
IZZY
Atlanta 1996
Sarajevo On Line
REINVENTING LIFE
Photographs by Mark Harden.
1914
Red and White Domes
Delicious Pure Quebec Maple Syrup You Will Love
iNet 96
CANADA
MONTREAL
BRITANNICA ONLINE

TÉMOIGNAGES ET DOCUMENTS

Les pères fondateurs

Toute technique occupe progressivement un espace qui n'a d'abord été perçu que dans l'imaginaire de quelques visionnaires. En 1945, Vannevar Bush imaginait une machine à mémoriser mécanique stockant des microfilms et pressentait du même coup les fonctions de l'ordinateur comme amplificateur de mémoire. A l'heure de l'informatique et de la communication, Vinton Cerf découvre que l'Internet constitue une mémoire collective.

Vannevar Bush le visionnaire

Imaginons un appareil de l'avenir à usage individuel, une sorte de classeur et de bibliothèque personnels et mécaniques. Il lui faut un nom et créons-en un au hasard. «Mémex» fera l'affaire. Un mémex, c'est un appareil dans lequel une personne stocke tous ses livres, ses archives et sa correspondance, et qui est mécanisé de façon à permettre la consultation à une vitesse énorme et avec une grande souplesse. Il s'agit d'un supplément agrandi et intime de sa mémoire.

Cet appareil se compose d'un bureau et bien que l'on puisse présumer le faire fonctionner à distance, c'est surtout le meuble où l'on travaille. Sur le dessus, on trouve des écrans translucides inclinés sur lesquels des documents peuvent être projetés pour une lecture confortable. On y trouve un clavier et plusieurs ensembles de boutons et de leviers. Autrement, on dirait un bureau ordinaire.

A une extrémité se trouve le stock de documents. La question du volume est aisément prise en charge par des microfilms améliorés. Une petite partie de l'intérieur du mémex seulement est consacrée au stockage; le reste est utilisé par le mécanisme. Pourtant si l'utilisateur entrait 5 000 pages de documents par jour, il lui faudrait des siècles pour remplir cet entrepôt. Il peut donc utiliser l'espace sans parcimonie et ajouter des documents en toute liberté.

La plus grande partie des contenus du mémex sont achetés sur microfilm prêt à l'emploi. Livres en tout genre, images, numéros récents de revues, journaux, tout peut être acquis et disposé au bon endroit. La correspondance d'affaires prend le même chemin. Et il est prévu de pouvoir ajouter directement de l'information. Dans la partie supérieure du mémex, un plateau transparent accueille les notes, les photos et les éléments les plus divers. Une fois le document en place, on actionne un levier pour le photographier et l'intégrer à l'espace disponible le plus proche sur une section du film mémex, en utilisant le procédé de la photographie à sec.

Il serait possible, bien sûr, de consulter les dossiers par le système de classement habituel. Pour feuilleter un livre précis, l'utilisateur tape le code de l'ouvrage sur son clavier et la page de titre apparaît aussitôt devant lui, projetée sur l'un de ses écrans de lecture. Les codes les plus utilisés sont mémorisés par un moyen mnémotechnique, pour que l'utilisateur n'ait pas à consulter trop souvent le manuel des codes, qui peut cependant apparaître par simple pression d'une touche. D'autres leviers sont à sa disposition. En inclinant l'un d'eux à droite, le livre défile devant lui, les pages apparaissent les unes après les autres à une vitesse qui permet un rapide coup d'œil. En poussant le levier encore plus à droite, tout le livre défile dix pages par dix pages; encore plus à droite, cent pages par cent pages. Vers la gauche, le levier opère les mêmes opérations en arrière.

Un bouton spécial le ramène instantanément à la première page de l'index. Il peut ainsi appeler et consulter n'importe quel ouvrage de sa bibliothèque avec beaucoup plus de facilité que sur de vrais rayonnages. Comme il dispose de plusieurs postes de projection, il peut laisser un document en position pendant qu'il en appelle un autre. Il peut également ajouter des notes et des commentaires, utilisant pour cela un système de photographie à sec. Il se pourrait même qu'il puisse le faire avec un système de pointe de lecture comme sur les télautographes que l'on peut voir dans les salles d'attente des gares, exactement comme s'il avait une page réelle devant lui.

Tout cela n'est que supposition, excepté en ce qui concerne la projection des mécanismes actuels et de tous les gadgets que nous connaissons déjà. Une étape s'avère indispensable au classement par association, dont le principe reposerait sur un système permettant à tout article d'en sélectionner immédiatement et automatiquement un autre. C'est ce processus reliant deux articles l'un à l'autre qui caractérise le mémex.

Quand l'utilisateur construit une piste, il lui donne d'abord un nom, qu'il note dans son manuel des codes avant de le composer sur son clavier. Devant lui, les deux documents à assembler sont projetés sur des écrans voisins. En bas de chacun, on peut voir un certain nombre d'espaces destinés à recevoir le code, et un curseur est prêt à indiquer l'un d'eux sur chaque document. L'utilisateur n'a plus qu'à appuyer sur une touche pour que les articles se trouvent définitivement rassemblés. Le mot de code apparaît sur chaque espace prévu à cet effet. Invisible, mais également dans l'espace destiné aux codes, des pointillés sont insérés pour la visualisation de cellules photographiques et, sur chaque document, ces tirets indiquent, par leur position, le numéro de classement des autres documents.

Ainsi, à tout moment, quand l'un de ces documents est visible, l'autre peut être rappelé instantanément en pressant une touche sous l'espace du code correspondant. En outre, il est possible de les consulter tour à tour, plus ou moins rapidement, en actionnant un levier tout comme celui qui permet de faire défiler les pages d'un livre. C'est exactement comme si on avait rassemblé les documents réels pour faire un nouveau livre, en mieux car chaque article est relié à une multitude de pistes.

Supposons que le propriétaire du mémex s'intéresse aux origines et aux caractéristiques de l'arc et de la flèche et qu'il étudie plus particulièrement les raisons de la supériorité apparente du petit arc turc sur l'arc long des croisés. Après avoir entreposé des dizaines de livres et d'articles sur le sujet dans son mémex, il commence par parcourir une encyclopédie où il trouve un document intéressant mais trop général; il le garde en projection.

Dans un livre d'histoire, il découvre un autre élément pertinent qu'il joint au premier. Il avance ainsi, traçant une piste constituée de nombreux éléments. Il ajoute parfois ses propres commentaires, soit en les reliant directement à la piste principale, soit en les rattachant par une piste secondaire à un document précis. Quand il apparaît évident que les propriétés élastiques des matériaux disponibles sont inhérentes à la qualité de l'arc, il bifurque sur une piste latérale qui l'amène à étudier les ouvrages sur l'élasticité et les constantes physiques. Il intègre une page manuscrite de ses propres analyses. Il construit ainsi une piste déterminée par son sujet à travers le labyrinthe des documents dont il dispose.

Et sa piste ne disparaît pas. Quelques années plus tard, il discute avec un ami de l'étonnante résistance des gens à la nouveauté, fût-elle d'un intérêt vital. Il a un exemple dans le fait que les Européens, vaincus, ne parvinrent pas à adopter l'arc des Turcs, il a même une piste sur ce sujet. En appuyant sur une touche, il fait apparaître le manuel des codes puis, à l'aide de quelques touches

supplémentaires, il projette le début de la piste. Un levier lui permet de la parcourir, de s'arrêter aux sujets qui l'intéressent et d'explorer d'autres articles complétant la discussion. Il met alors en route un reproducteur qui photographie l'intégralité de la piste. Son ami peut ensuite l'intégrer à son propre mémex, où il la reliera à la piste générale.

Des formes entièrement nouvelles d'encyclopédies vont apparaître, prêtes à l'emploi avec un réseau de pistes fonctionnant par association les traversant, prêtes à être insérées et amplifiées dans le mémex. Ainsi, l'avocat aura sous les doigts les opinions et les décisions accumulées au cours de son expérience professionnelle, ainsi que de celles de ses amis et des pouvoirs publics. Le bureau des brevets disposera sur un simple appel des millions de brevets d'inventions, avec des pistes réparties selon les spécialités de chacun. Le médecin, perplexe face à la réaction d'un patient, pourra suivre la piste établie lors de l'étude antérieure d'un cas similaire et consulter rapidement l'histoire de cas analogues, avec la possibilité de consulter ses ouvrages de référence en matière d'anatomie et d'histologie. Le chimiste, se débattant avec la synthèse d'un composé organique, aura à sa disposition toutes les publications traitant de son sujet ainsi que des pistes secondaires concernant leurs caractéristiques physiques et chimiques. […]

Ainsi la science peut-elle améliorer la manière dont les hommes produisent, stockent et consultent les dossiers de l'espèce humaine. Il serait peut-être plus efficace de décrire de manière spectaculaire les instruments de l'avenir, au lieu de respecter scrupuleusement les méthodes et les éléments non encore élaborés qui subissent une évolution rapide, comme nous l'avons fait ici. Sans aucun doute, des difficultés techniques de toutes sortes n'ont pas été prises en considération, de même que l'on ignore les nouveautés qui peuvent surgir d'un jour à l'autre et accélérer le progrès technique de manière aussi brutale que la découverte du tube thermionique. Pour que notre présentation ne soit pas trop ennuyeuse, car trop proche des modèles contemporains, il peut être utile de mentionner une telle possibilité, non pour jouer les prophètes mais simplement pour suggérer, car toute prophétie qui repose sur l'extrapolation de ce que l'on connaît a une certaine consistance tandis que celle qui est fondée sur l'inconnu n'est qu'une double supposition.

Vannevar Bush,
As we may think,
in *The Atlantic Monthly*, juillet 1945,
Trad. Ch. Monnatte.

Le père de l'Internet est fier de son rejeton

Vinton Cerf est d'autant plus intarissable sur les formidables potentialités d'Internet que sa vie personnelle en a été bouleversée : «Ma femme est totalement sourde, raconte-t-il, elle ne peut absolument pas utiliser le téléphone. Aujourd'hui, elle dialogue avec ses amis sur Internet. Elle peut enfin communiquer avec notre fils qui habite la Californie. Le E-mail [courrier électronique] a ouvert un nouveau chapitre de l'histoire de notre famille.» Vinton Cerf connaît bien des exemples, comme celui de cet étudiant aveugle qui s'est adressé aux bibliothèques du monde entier pour se procurer des versions *on line* (en ligne) des pièces de Shakespeare. Pour ensuite transformer

celles-ci en sons, sur son ordinateur personnel. Mais cet homme «obsédé» par la communication est paradoxalement victime des faiblesses de… la mémoire humaine. Un jour, il fut incapable de retrouver un texte parmi les trop nombreux fichiers de son ordinateur. Il se rappela alors avoir «édité» cet article, dans le passé, sur Internet. Lançant un appel sur le réseau, il n'eut pas à attendre longtemps : un correspondant avait gardé une copie du précieux document. «Je me suis dit que ce que nous ne pouvions pas caser dans notre mémoire, nous pouvions le placer sur le Net, et le retrouver. Je crois vraiment que le réseau deviendra une sorte de bibliothèque de la mémoire globale de l'humanité, dans laquelle toutes nos connaissances seront stockées; pour être immédiatement disponibles, et utilisables.» Mémoire d'une capacité sans limites, «agora» à l'échelle planétaire, puisqu'elle se joue des frontières et des fuseaux horaires, Internet constitue le plus vaste maillage informatique existant : il rassemble plusieurs dizaines de milliers de réseaux d'ordinateurs interconnectés, qui tous utilisent le protocole TCP/IP, dont Vinton Cerf est le co-inventeur. Le Net, à la fois brouillon et architecture des futures «autoroutes de l'information», rejoint facilement la science-fiction. Vinton Cerf en convient, pour, ajouter que celle-ci est devenue réalité. «Je ne crois pas du tout que cela soit effrayant : pouvoir imaginer de mettre la connaissance du monde à la portée de chaque individu, partager effectivement cette connaissance est une perspective extrêmement passionnante.»

Et peut-être plus proche qu'on ne le pense. Car Internet connaît une progression sans précédent. Aucune technologie électronique à la disposition des consommateurs ne s'est développée aussi, rapidement dans le passé. Chaque année, depuis 1988, le Net double le nombre de ses utilisateurs et de ses réseaux ainsi que le volume de son trafic. Plus de cinq millions d'ordinateurs sont aujourd'hui reliés par Internet, ce qui signifie que le chiffre de quelque 20 millions d'utilisateurs n'est pas irréaliste. Lorsqu'il envisage l'avenir, Vinton Cerf a le regard vague : «Si la tendance continue, si les projections tiennent, nous pourrions avoir de 180 à 200 millions d'ordinateurs sur le réseau à la fin de l'an 2000. Cela signifie de 600 à 700 millions de gens, du moins sur la base de référence actuelle, qui est d'environ 3,5 utilisateurs par ordinateur. Or je crois qu'il y aura de moins en moins d'utilisateurs par PC, probablement pas plus de 1,5 utilisateur par machine. Cela, veut dire que, pour 300 millions d'utilisateurs, nous pourrions avoir 200 millions d'ordinateurs à la fin de la décennie.

Laurent Zecchini
in *Le Monde*,
16 novembre 1995

Réflexions sur l'Internet

Une société rêvant de se rendre transparente à elle-même charrie dans son sillage la promesse d'une redéfinition du jeu politique, ce qu'exprime ici Pierre Lévy, tandis que, parlant plus spécifiquement des protocoles de l'Internet, Christian Huitema en tire une leçon pour notre comportement politique en général. Sherry Turkle, sociologue et psychologue, examine pour sa part les interférences entre la «vie virtuelle» et la «vie réelle».

Le Français Christian Huitema est président de l'Internet Architecture Board.

La démocratie du cyber

Il s'agit d'apprendre à se servir des instruments numériques de communication et non pas de les construire ou de les programmer. A titre de comparaison, souvenons-nous que le suffrage universel suppose l'alphabétisation des citoyens. Or la pratique de la lecture s'acquiert à grand-peine, en trois ou quatre ans (voire plus) de travail assidu, dans des institutions spécialisées et fort coûteuses pour la collectivité (les écoles), auxquelles certaines personnes n'ont malheureusement pas accès dans tous les pays. Est-ce une raison pour refuser le suffrage universel, sous prétexte qu'il serait réservé à une élite prospère et alphabétisée ? Au contraire, on considère généralement le suffrage universel aussi bien que l'accès à l'éducation comme des droits. La capacité minimale de naviguer dans le cyberespace s'acquerra probablement en beaucoup moins de temps qu'il n'en faut pour apprendre à lire et, comme l'alphabétisation, elle sera associée à bien d'autres bénéfices sociaux, économiques et culturels que l'accès à la citoyenneté.

Le téléphone et la télévision font aujourd'hui partie de l'équipement normal des foyers dans les pays industrialisés, même chez les gens les plus modestes. La télévision est le terminal d'un dispositif de communication fonctionnant selon le schéma en étoile un/tous. Le message y part d'un centre unique pour aboutir vers une périphérie nombreuse de récepteurs séparés les uns des autres. Le téléphone, lui, est le terminal d'un dispositif de communication structuré par le schéma en réseau un/un. Les contacts y sont interactifs, mais seulement deux utilisateurs (ou un petit nombre de personnes) peuvent communiquer en même temps. Il n'est pas absurde d'envisager que, dans quelques années, la plupart des foyers puissent être aussi équipés de terminaux (les cybergates) d'un dispositif de communication selon un schéma en espace tous/tous. Les citoyens pourraient alors participer à un agencement sociotechnique d'un nouveau genre, permettant à de grandes collectivités de communiquer avec elles-mêmes en temps réel. Le cyberespace coopératif doit être conçu comme un véritable service public. Cette agora virtuelle faciliterait la navigation et l'orientation dans la connaissance; elle favoriserait les échanges de savoirs ; elle accueillerait la construction collective du sens ; elle offrirait des visualisations dynamiques des situations collectives ; elle permettrait enfin l'évaluation multicritère en temps réel d'une foule de propositions, d'informations et de processus en cours. Le cyberespace pourrait devenir le lieu d'une forme nouvelle de démocratie directe à grande échelle.

Pierre Lévy,
L'Intelligence collective, pour une anthropologie du cyberespace,
La Découverte, Paris, 1995.

Le choix Internet

Il faut bien comprendre que, malgré tout le soin mis à les élaborer, les « standards Internet » n'ont aucune force de loi. Il s'agit simplement de spécifications, publiées pour rendre service à la communauté. Les standards offrent aux utilisateurs la garantie que les produits qu'ils achètent coopéreront avec ceux que leurs partenaires, à l'autre bout du réseau, obtiendront d'autres fournisseurs. Si on a besoin de transmettre des odeurs, il vaut mieux acheter un téléparfumeur conforme au standard. On sera certain que, si on émet une odeur de rose, notre correspondant ne sentira pas autre chose. Mais rien n'oblige un internaute à acheter soudainement tel ou tel logiciel parce qu'un standard vient d'être publié. Il faut d'abord que le standard réponde à un besoin. Si, par exemple, on n'a pas envie d'ordinateurs odorifères, on n'achètera sans doute pas de téléparfumeur. Il peut arriver qu'un groupe travaille pendant plusieurs mois et publie un standard que personne n'utilise, parce que personne n'en ressent le besoin. Il peut aussi arriver qu'un groupe n'atteigne jamais le consensus. Dans ce cas, plutôt que de forcer une décision par une procédure bureaucratique, plutôt que de forcer les partisans des éléphants et ceux des chevaux à ne pas quitter la salle tant qu'ils n'ont pas dessiné un chameau, on aura tendance à simplement publier deux standards, et à laisser au « marché » la responsabilité du choix. Les standards de l'Internet passent en fait par trois validations successives, supposées correspondre à la spécification, aux essais de prototypes et aux produits définitifs. Pour la première étape, le consensus du groupe suffit. Pour la deuxième, il faut démontrer l'existence de plusieurs prototypes construits par plusieurs fournisseurs et capables de coopérer. Pour la dernière, il faut que les acheteurs aient le choix entre plusieurs produits de différents fournisseurs. Une spécification qui ne passe pas par ces étapes est abandonnée. C'est un peu comme si on votait des lois à l'essai, et qu'on les annulait automatiquement si au bout de deux ans elles n'avaient pas démontré leur utilité.

Christian Huitema,
Et Dieu créa l'Internet,
Eyrolles, 1995.

Vers une existence virtuelle ?

Turkle s'est exprimée non seulement sur les potentiels du Net à magnifier l'expérience humaine, mais aussi sur les aspects de ce monde virtuel qui la préoccupent, notamment la crainte de voir les jeunes céder à la tentation de quitter la «vie réelle» pour le domaine toujours plus facile à contrôler du cyberespace.

– Technology Review : *Dans la vie quotidienne, on trouve des gens à la personnalité multiple, parfois ils sont considérés comme psychotiques, ou du moins comme inquiétants. Dans le roman de R. L. Stevenson, le Dr Jekyll quitte son identité d'«aimable docteur» pour libérer la «bête» qui est en lui. Pourquoi, sur le Net, les personnalités multiples sont-elles non seulement bien acceptées, mais même plutôt bien accueillies ?*

– Turkle : Les gens qui souffrent de problèmes de personnalité multiple ont un moi fragmenté, dont les différentes pièces sont isolées les unes des autres, souvent pour se protéger de souvenirs traumatisants. Les personnes atteintes de ces troubles peuvent très bien ouvrir leur armoire un matin et se demander qui a pu acheter les vêtements qui s'y trouvent. En revanche, ceux qui assument différentes personnalités virtuelles ont conscience des vies qu'ils ont créées sur leurs écrans. Ils jouent plusieurs aspects d'eux-mêmes et naviguent de l'un à l'autre avec souplesse et en connaissance de cause. Ils vivent ainsi une expérience qui les encourage à remettre en question les modes de pensée traditionnels concernant un moi unique et unifié.

– TR : *De quelle manière ?*

– Turkle : Notre existence nous amène à jouer un nombre de plus en plus varié de rôles distincts. Une femme peut très bien se réveiller dans le rôle d'une amante, prendre le petit-déjeuner d'une mère de famille et partir travailler dans la peau d'une avocate. Un homme qui remplit parfaitement les fonctions d'un cadre au bureau peut devenir un père idéal une fois chez lui. Vous voyez que, même sans ordinateur, nous évoluons à travers différents rôles et nous devons réfléchir à ces multiples identités. Le réseau Internet rend cette multiplicité encore plus concrète et plus pressante.

– TR : *Mais les différentes personnalités que l'on assume sur le Net diffèrent des rôles que vous décrivez. Dans le cyberespace, par exemple, on peut être indifféremment homme ou femme.*

– Turkle : Oui, dans le cyberespace cette souplesse d'identité que suscite notre vie quotidienne devient un véritable pouvoir. Et les gens en arrivent à se considérer comme la somme des personnalités créées dans chaque fenêtre ouverte sur leurs écrans. La métaphore technique du défilement des fenêtres de l'ordinateur sert désormais pour exprimer la relation qui unit les différents aspects du moi.

– TR : L*e cyberespace serait donc comme une sorte de salle des miroirs déformants de notre société, reflétant essentiellement ce qui se passe dans la vie réelle, mais avec une certaine exagération?*

– Turkle : Oui. Et en partie parce qu'il permet une certaine extravagance, on peut changer de sexe ou d'âge par exemple. Les expériences pratiquées dans le cyberespace nous encouragent à réviser nos idées reçues sur l'identité.

– TR : *Mais dans leur frénésie de personnalités multiples, certaines personnes semblent oublier que leur moi « réel » est autrement plus important que tout leur arsenal de personnalités virtuelles créé avec l'ordinateur. Dans votre livre, vous racontez qu'un jeune homme vous a confié que pour lui, la vie réelle (la VR, comme il dit) ne représente plus rien de*

concret pour lui. Elle n'est qu'une fenêtre parmi toutes celles où il joue différents rôles au sein de communautés virtuelles.

– Turkle : C'est exact. Et il affirme que sa VR ne vaut même pas sa meilleure fenêtre.

– TR : *Il m'a tout l'air d'un obsessionnel. Avez-vous souvent à faire à ce genre d'attitude ?*

– Turkle : Ce n'est pas rare. Mais pour moi, ce cas est important car il démontre comment un jeune homme brillant, ayant de bons résultats à l'école et des amis réels, peut facilement traverser une période où tout lui semblera plus intéressant sur le Net qu'ailleurs. Et c'est ce qui l'a amené à considérer ses expériences virtuelles comme faisant partie de sa vie. Il continuait à avoir une vie normale, mais à l'époque de notre conversation, les choses ne se passaient pas très bien pour lui. Dans ces conditions, cette remarque au sujet de sa VR n'étant pas sa meilleure fenêtre est un peu moins inquiétante.

– TR : *Ainsi, le retrait dans une communauté virtuelle ne serait que passager ?*

– Turkle : C'est possible. Et dans certains cas, ce n'est pas tant un retrait qu'un premier pas vers le développement de forces qui peuvent se transmettre à la vie « réelle ». Un jour, j'ai rencontré un étudiant qui était en première année d'université et qui souffrait de problèmes graves. Son père était alcoolique et lui-même devait faire face à sa propre vulnérabilité face à l'alcool. Il s'en est sorti en choisissant, dans une communauté virtuelle, un métier à forte responsabilité. Quand je l'ai revu l'été suivant, il avait envie de retourner à la VR pour voir comment il réagirait. Dans le meilleur cas, des expériences virtuelles positives laisseront une marque à la fois dans le monde virtuel et dans la réalité. Et elles peuvent changer la façon dont les gens voient leurs capacités ; elles peuvent même transformer l'opinion qu'ils ont d'eux-mêmes.

Herb Brody,
Interview de la «cyberpsychiatre»
Sherry Turkle, in *MIT, Technology Review*, février-mars 1996,
Trad. Ch. Monnatte.

En français

Le problème du français dans l'Internet est souvent mal posé, ce que relève la polémique de Jean Guisnel. Mais la meilleure réponse à cette question réside dans la construction d'une présence francophone dans les réseaux. De la Bourgogne à l'Afrique, en passant par l'ambassade de France au Canada, une même volonté d'action se manifeste.

Communication ou domination ?

Si Internet et les réseaux numérisés ont déjà révolutionné l'espionnage, c'est que la société tout entière est touchée, dans tous les pays développés. Partout dans toutes les sphères qui s'intéressent à ces questions, des informaticiens, des hommes politiques, des hommes d'affaires de plus en plus, s'interrogent sur la manière de protéger les informations sensibles. Les uns veulent faire du business aussi bien qu'avec des moyens classiques de communication et de paiement ; les autres souhaitent protéger leurs richesses intellectuelles et leurs stocks de connaissances de l'appétit dévorant des « puissances extérieures », concept trop flou pour être pertinent mais qui présente l'avantage d'être aisément compréhensible. La langue anglaise est promue au rang d'ennemie

Première liaison Internet en France au Commissariat à l'énergie atomique de Saclay en 1991.

de la civilisation européenne, et le Net est vécu comme une expression intrinsèquement perverse de la volonté américaine de domination ; non seulement parce que les outils qui le font fonctionner sont pour l'essentiel d'origine américaine mais aussi pire parce que la langue qui s'y pratique est l'anglais, ou à tout le moins une forme particulière d'idiome international au vocabulaire minimal s'en rapprochant beaucoup. Tel respectable journal voue aux mêmes gémonies « les prix Nobel d'économie, les grandes institutions financières internationales, les brokers de Wall Street ou de Singapour, CNN, les branchés sur l'Internet » et autres chantres des « vastes espaces de la mondialisation, tous coupables d'un crime contre l'esprit qui brille : communiquer dans une autre langue que celle de Molière.

Sans doute la langue dominante sur Internet est-elle celle de Shakespeare et de Kurt Cobain lorsque les inventeurs d'Internet mirent au point leur réseau, dans les années soixante en Californie, personne n'a jamais songé à leur demander de le faire fonctionner en français, pas même nos cocoricants jacobins dont les grands-pères extirpèrent des campagnes françaises les soi-disant «archaïques» langues bretonnes, occitanes et autres, condamnées sur l'autel du centralisme. Depuis un quart de siècle, c'est effectivement du monde anglo-saxon que l'épidémie communicante est partie; et puisque le réseau mondial est un espace de liberté, nos porteurs de francophonie en sautoir feraient bien d'aller y voir de plus près. Ils y navigueraient dans des réseaux en français, très actifs et très vigoureux où l'on débat avec la même intensité, il est vrai sur un nombre de sujets moins vaste, que sur le réseau anglophone. Les Américains du Nord francophones y sont aussi très présents, et le fait qu'ils vivent au Québec ne change rien à l'affaire.

Depuis la mort de la guerre froide et de l'ennemi bien commode qu'elle offrait à nos nations démocratiques développées, les nationalismes ont resurgi et cherchent leur voie. L'une d'entre elles, dans nos contrées, – regardons un peu dans notre jardin – est très clairement celle qui recouvre la sotte défense d'une langue française qui vit très bien, merci pour elle, et coexiste parfaitement avec un Internet où domine la langue anglaise. D'autres acteurs français, dans la sphère politique cette fois, voient également dans l'anglais un outil de domination de nos activités économiques, et prennent pour des agressions sauvages ce qui n'est que du dynamisme culturel. L'une des contradictions majeures de la période ne réside-t-elle pas dans la paradoxale coexistence entre, d'une part des réseaux numérisés planétaires, interconnectés, conviviaux et insatiables brouteurs de frontières, et de l'autre, la volonté, manifeste en France, de dresser de nouvelles murailles ? Plutôt que de geindre sur le français en perte de vitesse sur les réseaux électroniques, en y voyant une défaite de l'ampleur de Waterloo et de Trafalgar réunies, les beaux esprits auraient sans doute mieux fait d'agir dans les pays de la communauté francophone où des initiatives privées ont su fleurir à temps, en anglais le plus souvent, et s'apprêtent à offrir aux anciennes colonies françaises, singulièrement en Afrique, mais aussi au Viêt-nam où le réseau Nam Net s'est ouvert à l'été 1995, des accès très dynamiques à Internet ?

La France, qui a inventé le Minitel et s'est ensuite endormie pendant dix ans,

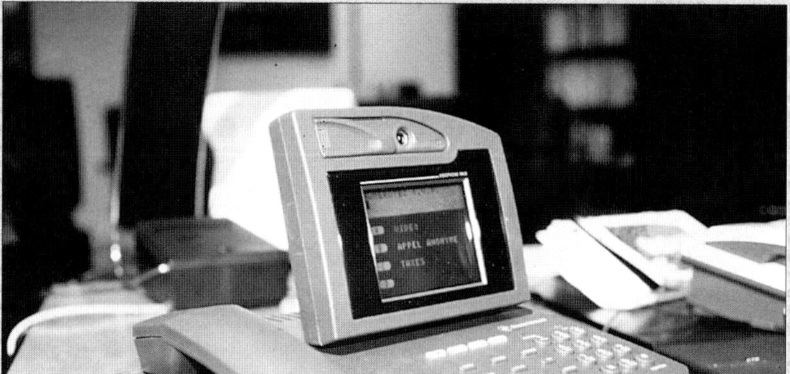

France Télécom innove : en haut, Numéris permet de consulter une banque d'images; ci-dessus, le visiophone; page ci contre : un terminal de kiosque micro.

sort brutalement du sommeil. Si elle avait agi intelligemment au lieu de placer des serrures électroniques et des péages à tous les bouts du réseau téléphonique hexagonal, le petit Minitel aurait grandi et rapidement squatté les micro-ordinateurs, en évoluant avec son temps. Au lieu de cela, il est devenu une « tour d'ivoire tricolore » scintillant de ses derniers feux ; il a beau générer sept milliards de francs de chiffre d'affaires par an, offrir près de vingt-cinq mille services différents, il n'en reste pas moins qu'il coûte (beaucoup) plus cher et fonctionne dix fois moins vite que le moindre micro ; et s'il communique en français, ce que nul ne songe à contester, il est également devenu un nouveau symbole de nos fausses bonnes idées, géniales comme le Concorde, mais auxquelles on n'a pas donné les moyens de conquérir le monde. Faut-il y voir un effet des vilenies américaines ? Certainement pas. Un moindre sens des opportunités, plutôt, sans oublier – ne soyons pas naïfs – que l'introduction du vidéotexte aux Etats-Unis a été administrativement bloquée, comme le fut Concorde. Pour défendre son produit, et les milliards qu'il génère, France-Télécom a bloqué le développement Internet en France, au point de faire de notre pays le plus en retard dans ce domaine, de tous les pays développés. Aujourd'hui toute honte bue, France-Télécom cherche à monter dans le train déjà lancé à grande vitesse, tout en dépensant des centaines de millions de francs pour un « Super-minitel » incapable de simplement approcher les capacités et la convivialité du moindre micro-ordinateur. L'une des initiatives de France-Télécom a consisté, en 1994, à s'associer avec les promoteurs de la nouvelle entreprise General Magic, fondée par des ingénieurs informaticiens californiens ayant su drainer dans leur capital des monstres comme NT&T (Nippon Telegraph and Telephones), Matsushita, Sony, AT&T, Philips et quelques autres…

Dans la perspective de la déréglementation du marché européen des télécommunications prévue en 1998, les grandes manœuvres sont engagées, et chacun fourbit ses armes, puisqu'il va lui falloir se battre sur un marché concurrentiel planétaire. France-Télécom s'est ainsi associée avec un autre géant européen, Deutsche Telekom, pour prendre une participation importante dans le capital de l'un des opérateurs américains des télécommunications à longue distance, Sprint. L'Europe n'est pas vouée aux échecs. Quand elle s'est prise en main pour mettre sur pied sa norme de téléphone mobile GSM, elle a fait mieux et plus vite que les Américains et les

Japonais réunis. Le fait d'avoir raté le coche du téléphone cellulaire analogique s'est finalement révélé bénéfique et GSM conquiert le monde.

Qui a conduit la France, pour des raisons incompréhensibles, à s'absenter du monde des machines communicantes, totalement trusté par les Américains et les asiatiques ? Philippe Quéau, directeur de recherches à l'INA (Institut national de l'audiovisuel) et chantre de l'interactivité, du multimédia et d'Internet en France, peut bien se lamenter, sa lucidité ne sert à rien : « Le poids économique est en train de se déplacer des terminaux idiots, comme le téléphone, vers les terminaux intelligents, comme le micro-ordinateur. Demain le Personal Computer (PC) sera aussi indispensable que la télévision, l'automobile ou la machine à laver. Or, la France est totalement absente de ce marché qui représente 200 milliards de francs et nous n'avons aucune compagnie capable de desservir les quelque 20 millions de foyers, potentiellement acheteurs de PC. » La France n'est pas seule touchée, et la débâcle est européenne. L'industrie des ordinateurs du vieux continent sort laminée de la récente période d'explosion du marché de la micro-informatique. Dans la guerre de l'information, nos sociétés vieillies n'auront même pas de munitions. La faute à qui ?

Est-ce parce qu'il a encore une fois, laissé passer le train, que notre pays doit pour autant s'abriter derrière ses remparts, sans voir que les opportunités qui s'offrent à lui sont très prometteuses ? Certes non… En 1993, il y a une éternité à l'échelle du cyberespace, les animateurs de l'Arche notaient qu'il fallait à tout prix éviter la constitution d'une ligne Maginot électronique absurde puisqu'inefficace. Nous n'avons aucune raison de baisser les bras et de partir battus d'avance. Les Américains sont, on le sait, de redoutables communicateurs Ils sont passés maîtres dans l'art de faire vivre un concept avant même que celui-ci n'existe. C'est une qualité. Mais ce n'est pas parce qu'ils ont aujourd'hui tendance à confisquer le discours sur les futures autoroutes de l'information – version électronique de la nouvelle frontière – qu'il faut oublier que nous disposons de nos propres points forts.

Jean Guisnel,
Guerres dans le cyberespace,
La Découverte, Paris, 1995.

La Bourgogne sur l'Internet

Le choix de l'innovation

En partenariat avec France-Télécom, la Bourgogne a déjà mis en service une autoroute électronique régionale. Avec Clonys, ce réseau de communication à haut débit inauguré le 9 mai 1994 par M. François Fillon, ministre de l'Enseignement supérieur et de la Recherche, la Bourgogne communique avec le réseau national RENATER et le réseau international Internet. Ce puissant réseau de communication véhicule l'image, les données et le son, pour des applications multiples telles que les téléservices, le télé-enseignement, la visioconférence et autres. C'est l'un des axes forts de la « vallée de l'Image ».

A son initiative et en coopération avec les ministères de l'Education nationale, de l'Enseignement supérieur et de la Recherche, un réseau expérimental d'interconnexion des lycées est mis en place. C'est ainsi que la Bourgogne est retenue parmi les cinq sites pilotes en France par l'Etat avant de l'étendre à l'ensemble du territoire.

Ce réseau Indunet (réseau éducatif, relié au réseau Clonys), permettra aux établissements de la région de communiquer entre eux et de bénéficier de la masse de savoir contenue dans les réseaux nationaux et internationaux, et d'utiliser aujourd'hui des outils tels que le télé-enseignement et la visioconférence. Il favorisera le désenclavement des établissements scolaires situés en milieu rural. Un nouveau centre documentaire et de ressources est donc en voie de création.

La région est largement impliquée dans le grand projet du pôle Imagerie de l'université de Bourgogne et travaille avec elle en partenariat, de même qu'avec l'ENSAM de Cluny.

A travers ces projets, on peut constater que la Bourgogne a fait le choix de l'innovation et du multimédia, l'une des clés de l'avenir. Elle développera des applications dans les domaines de la recherche, de la formation, de la médecine, du télétravail, des relations entre l'économie et les grands établissements publics d'enseignement et de recherche, et soutiendra des projets régionaux particulièrement novateurs.

Jean-François Bazin,
Président du Conseil régional
de Bourgogne.

L'explorateur culturel

On aurait pu s'attendre à un site majestueux et pondéré comme une ode de Paul Claudel (diplomate de métier) ou cérébral comme un chant de Saint-John Perse (autre diplomate…), l'explorateur culturel, le site WWW lancé en septembre 1995 par l'équipe atypique (un normalien, un physicien

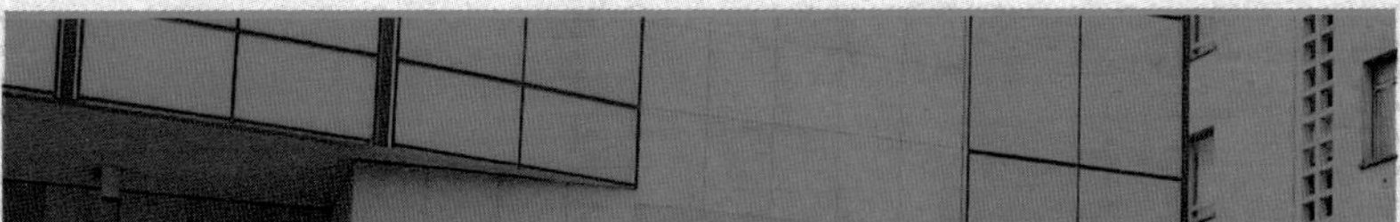

La mise en place du réseau RENATER en pésence du ministre des Télécommunications, François Fillon, du maire et du président du Conseil régional de Bourgogne, le 9 mai 1994.

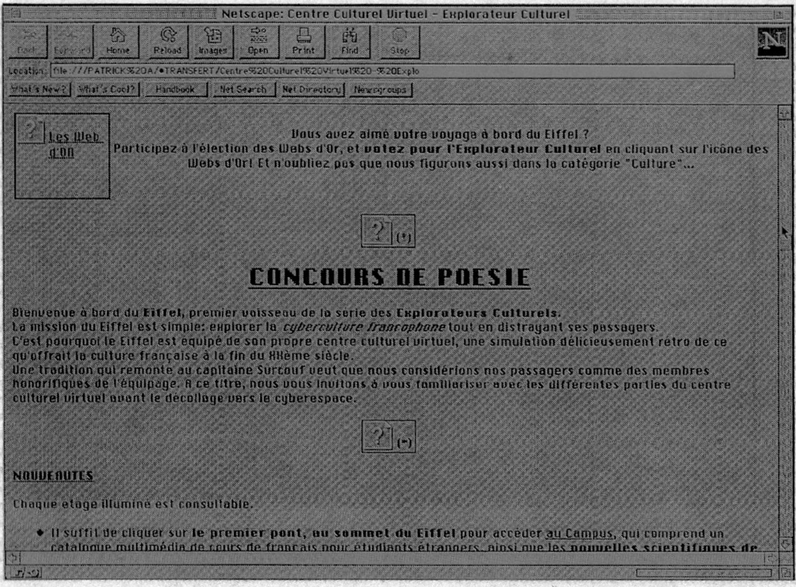

Une page d'accueil de l'Explorateur culturel à l'ambassade de France à Ottawa.

recyclé dans le chinois et un diplômé de Sciences Po) du service culturel de l'ambassade de France à Ottawa, renonce à l'héritage de ses nobles aînés. Il est espiègle, plaisamment tape-à-l'œil et futuriste.

Tout commence par une tour Eiffel ré-affrêtée pour le cyberespace et hantée par ces cyberchérubins qui vous orientent gentiment de module en module.

Le premier pont du vaisseau est un campus virtuel. Le deuxième est celui des muses, du boudoir poétique jusqu'à la bande dessinée. La bibliothèque occupe le troisième pont et offre un catalogue de toutes les revues culturelles françaises, des bibliographies thématiques et un passage en revue des nouveautés de la collection… Découvertes Gallimard.

Les hyper-ascenseurs du Eiffel vous emmènent sur des liens vers d'autres sites, classés et commentés et le satellite Bartholdi (clin d'œil au collègue de Eiffel) est une salle d'informations.

L'aire la plus cyberale du Eiffel est sans doute celle du satellite Baltard qui abrite Siddharta, un monde ludique et mystérieux où les internautes peuvent jouer et échanger en temps réel.

L'équipe de l'Explorateur a su tirer pleinement profit de l'excellence technologique du Canada en matière de réseaux et de logiciels, pour créer un site hors-normes.

Michel Deverge,
Ambassade de France à Ottawa, Canada.

Internet, une chance pour le Sud

Les limites du «parachutage»

Dans les pays où il n'y a ni bibliothèque universitaire digne de ce nom, ni centre de documentation – en dehors des agences culturelles ou scientifiques étrangères –, Internet transformerait radicalement les conditions de travail des chercheurs. Pour la première fois, dans les pays les plus pauvres, les moins avancés technologiquement, il serait possible d'accéder à toute la richesse informationnelle des centres de recherches et des universités les plus avancés du Nord. Il ne s'agit pas simplement de consulter des banques documentaires ou des encyclopédies, ni de visiter les musées virtuels. Internet est, de plus en plus, un moyen privilégié, voire exclusif, pour accéder à la production scientifique courante : thèses et rapports de recherche dans leurs versions intégrales, programmes de recherche des laboratoires, composition des équipes et adresses électroniques de leur membres.

Ici se dessine un deuxième enjeu. Dans un monde scientifique interconnecté, ceux qui resteront à l'écart risquent de passer de la marginalité à l'exclusion totale. Internet porte en germe la possibilité pour le Sud d'avoir accès aux sources d'information dans les mêmes conditions que le Nord. Plus immédiatement, sans gommer les frontières de la marginalisation, de nouvelles pratiques de communication peuvent en modifier les contours. Il serait présomptueux de prédire les effets qu'auront la mise en relation directe de chercheurs du Nord et du Sud, ou leur participation conjointe à des débats internationaux. Tout comme il serait stérile d'en nier *a priori* l'impact.

Il ne faut cependant pas se bercer d'illusions. Aux Etats-Unis, le développement de réseaux informatiques interuniversitaires a commencé à la fin des années 1970, pour aboutir en 1983 à la forme actuelle de l'Internet, à une échelle réduite. Il a fallu encore dix ans pour que des outils d'une grande simplicité apparaissent (notamment la «toile» et le courrier électronique) et que son usage se généralise. Certains voudraient faire croire que, moyennant la mise à disposition de liaisons internationales à haut débit, fournies par des satellites ou des câbles sous-marins, l'Afrique se brancherait rapidement sur le cyberespace. La logique du «parachutage» technologique qui sous-tend cette approche n'a jamais permis de réel développement chez les bénéficiaires de l'aide. Les universités africaines éprouvent déjà des sérieuses difficultés à régler leurs factures téléphoniques courantes. Elles n'ont donc pas les moyens de se payer les lignes internationales de transfert de données. Le cofinancement de ces liaisons, proposé ou mis en pratique par divers organismes, ne sera un atout pour le développement que s'il s'insère dans un dispositif plus large. En effet, l'objectif visé à travers Internet ne saurait se résumer à l'ouverture de «kiosques multimédias», c'est-à-dire de services d'informations en ligne où les utilisateurs sont cantonnés au rôle de consommateurs de services télématiques. Les solutions proposées au plan national et régional souffrent des mêmes limitations. Il est donc plus que temps de se demander à qui peuvent profiter les «backbones» et autres info-ports si, sur place, les établissements scientifiques n'ont ni les compétences ni les équipements pour s'y raccorder ?

Pascal Renaud et Asdrad Torrès, in *Le Monde diplomatique*, février 1996.

Contrôler l'Internet ?

L'Internet pose avec acuité un certain nombre de questions. Questions de la notion d'auteur et de la signature d'une œuvre chez Pierre Lévy, question des limites éthiques et juridiques avec la réédition électronique de l'ouvrage du docteur Gubler dont la vente est interdite en France. Enfin, Jean-Louis Gassée rappelle que la puissance de l'Internet constitue l'équivalent de ce que fut l'imprimerie en son temps.

L'œuvre ouverte

Certaines questions posées par les artistes depuis la fin du XIXe siècle sont relancées de façon plus insistante par l'émergence du cyberespace. Ces questions travaillent directement le « cadre » : l'œuvre et sa limite, l'exposition, la réception, la reproduction, la diffusion, l'interprétation et les diverses formes de séparations qu'elles reconduisent. Travail du cadre tel que, cette fois-ci, il semble bien qu'aucune clôture ne puisse plus désormais contenir *in extremis* la déterritorialisation : il faut sauter dans un nouvel espace. C'est du milieu sociotechnique de la prolifération et de la diffusion des « œuvres » que vient la mutation. Mais peut-on encore parler d'œuvres dans le cyberespace ?

Depuis au moins quelques siècles, en Occident, le phénomène artistique se présente à peu près comme suit : une personne (l'artiste) signe un objet ou un message particulier (l'œuvre), que d'autres personnes (les destinataires, le public, les critiques) perçoivent, goûtent, lisent, interprètent, évaluent. Quelles que soient la fonction de l'œuvre (religieuse, décorative, subversive…) et sa capacité à transcender toute fonction vers le noyau d'énigme et d'émotion qui nous habite, elle s'inscrit dans un schéma de communication classique. L'émetteur et le récepteur sont nettement différenciés et leurs rôles parfaitement assignés. Or l'environnement technoculturel émergent suscite le développement de nouvelles espèces d'art, ignorant la séparation entre l'émission et la réception, la composition et l'interprétation. Il ne s'agit que d'un possible ouvert par la mutation en cours, possible qui pourrait très bien ne jamais se réaliser ou seulement très partiellement. On vise avant tout ici à empêcher qu'il ne se referme trop tôt,

La mise sur le Net du livre interdit à la vente sur François Mitterrand.

sans avoir déployé la variété de ses richesses. Cette nouvelle forme d'art fait expérimenter à ce qui n'est justement plus un public d'autres modalités de communication et de création.

Au lieu de diffuser un message vers des récepteurs extérieurs à la démarche de création, invités à donner sens à l'œuvre après coup, l'artiste tente ici de constituer un milieu, un agencement de communication et de production, un événement collectif qui implique les destinataires, qui transforme les herméneutes en acteurs, qui mette l'interprétation en boucle avec l'action collective. Sans doute les « œuvres ouvertes » préfigurent-elles déjà une telle orientation. Mais elles restent encore prises dans le paradigme herméneutique. Les récepteurs de l'œuvre ouverte sont invités à remplir les blancs, à choisir entre les sens possibles, à confronter les divergences entre leurs interprétations. Mais il s'agit toujours de magnifier et d'explorer les possibles d'un monument inachevé, de parapher un livre d'or sous la signature de l'artiste… Or l'art de l'implication ne constitue plus d'œuvre du tout, même ouverte ou indéfinie : il fait émerger des processus, il veut ouvrir une carrière à des vies autonomes, il introduit à la croissance et à l'habitation d'un monde. Il nous insère dans un cycle créateur, dans un milieu vivant dont nous sommes toujours déjà les coauteurs. *Work in Progress* ? Il déplace l'accent du *work* vers le *progress*. On rapportera ses manifestations à des moments, à des lieux, à des dynamiques collectives, mais non plus à des personnes. C'est un art sans signature.

Pierre Lévy,
L'Intelligence collective,
Pour une anthropologie du cyberespace,
La Découverte, Paris, 1995.

Coup d'éclat, coup médiatique ou coup fatal ?

Avec un simple scanner et un peu de mémoire, Pascal Barbraud a sans doute réalisé le coup le plus spectaculaire de (et pour ?) l'Internet en France. Au-delà du casse-tête juridique, crucial, c'est bien en effet, tour à tour, la souplesse du réseau que le pays tout entier a découverte (en une journée, le livre était scanné, numérisé, « imprimé » et « diffusé » dans le monde entier), sa vivacité à réagir (qu'on regarde les tentatives de connexions annoncées pour s'en convaincre, jusqu'à 30 000 par heure) et son apparente insolence au-dessus des lois, comme il se place au-delà des frontières. Et si le cyberlimonadier bisontin n'était tout simplement pas le premier, aux yeux du grand public, à rendre concret l'Internet ? Ce bidule qui, jusqu'alors, n'évoquait aux profanes qu'un réseau d'information impalpable, limite gadget ou tout bonnement mystérieux. Qui sait si, pionnier dans le *Far West* du Net (sans loi mais avec plus de foi qu'il n'y paraît), l'homme de Besançon n'avait pas provoqué là la première intrusion réelle de l'Internet en France, hors du cercle des initiés. Une sorte d'intrusion en force, par JT et manchettes interposés. Et, qui plus est, revendiquée au nom d'un des fondements même de l'Internet : la transparence.

Seulement voilà, après le tonnerre, on a remué la boue. Comme toujours quand l'Internet surgit dans l'actualité – mais ici puissance dix –, c'était là encore par l'entremise de l'interdit et du soufre. Après les néo-nazis, les alchimistes poseurs de bombes et autres réseaux pédophiles, place donc au livre-interdit-disponible-au-bout-de-la-souris. Et les censeurs de tous poils ont fondu sur le machin, masquant plus ou moins bien leur ignorance de l'Internet.
Haro sur le réseau : certains appelaient le CSA à la rescousse, d'autres invoquaient un encadrement législatif rigide, ça fusait de toute part.
De nombreux internautes s'inquiétaient déjà via les forums de discussion du réseau : trop médiatique, trop impulsif, trop irresponsable, le « coup de Besançon » pourrait bien être fatal à l'Internet en France. Contre-productive, l'initiative de Barbraud allait tôt ou tard déboucher sur une jurisprudence, forcément restrictive.
Et c'en serait fini du soi-disant « esprit libertaire de l'Internet », de ce média parallèle aux autres, de cette communauté mondiale sans patrie ni dirigeants.

C'était oublier que l'Internet n'est pas que pieds de nez et initiatives en tous genres prises au nom de la liberté d'expression. Oublier qu'il est avant tout un gigantesque maillage d'ordinateurs – et d'hommes derrière – qui se font émetteurs-récepteurs. Des millions d'hommes qui, chaque jour, 24 heures sur 24, envoient quelque 100 000 messages dans des forums de discussion, échangent du courrier électronique par centaines de milliers et peuvent consulter plusieurs millions de serveurs. Celui de Besançon n'étant que l'un d'eux, inaccessible de surcroît parce que sursaturé.

David Dufresne,
in *Libération*, 26 janvier 1996.

Trois semaines plus tard, le SNE prend clairement position. Le débat est lancé.

RELEVÉ DE DÉCISION

Le Comité du Syndicat national de l'édition, réuni le vendredi 16 février 1996,
considérant le préjudice causé à la communauté des éditeurs par l'exploitation d'un ouvrage sur un réseau sans l'autorisation des ayant-droits,
décide que le Syndicat national de l'édition, conformément à sa mission, portera plainte et se constituera partie civile au titre de la mise sur internet du livre *Le Grand Secret* publié par les Editions Plon,
mandate à cette fin monsieur Serge Eyrolles, président du Syndicat national de l'édition.

Fait à Paris le 16 février 1996,
le directeur général
du Syndicat national de l'édition,
Jean Sarzana

Censure sur le Web

Défendons la liberté d'expression, même si elle conduit à des extrêmes répugnants, comme Voltaire l'a recommandé il y a longtemps. Jean-Louis Gassée, ex-vice-président chez Apple, qui vit en Californie, donne son point de vue.

Nouveau, incompréhensible, anarchique ou tout au moins décentralisé, ce nouveau média dérange. Imaginez, on peut tout dire, tout montrer, à tout moment, à tout le monde et, pire encore, pour pas cher, c'est-à-dire que contrairement au cinéma, par exemple, on ne peut même pas l'étrangler par l'argent. Dieu sait ce que ces obsédés, les autres bien sûr, pas nous, vont en faire. Tant pis s'il s'agit d'une loi stupide qui interdit d'échanger sur les Net des images et des propos légaux sur le papier. Ajoutez à cela une période de campagne présidentielle, et on comprend pourquoi Clinton, homme de « gauche », n'a pas fait usage de son droit de veto. Il mise sur le fait que la loi est anticonstitutionnelle. Un geste sans danger à droite, un clin d'œil à gauche.

La réaction des cybercitoyens est rassurante et nous ramène aux origines universitaires et libertaires de l'Internet. Les progrès de la technique ont fait du réseau, créé pour connecter chercheurs et programmeurs, un produit quasi grand public. Mais les traditions restent.
Pas de gouvernement centralisé, l'Internet n'a pas de centre, c'est l'incarnation imprévue du rhizome de Deleuze et Guattari. Pas question, donc, de laisser Big Brother se mêler de nos affaires. Personne n'est obligé de regarder les « horreurs » qui, de toutes façons, sont bien moins dangereuses que les armes à feu qui pullulent. C'est aux parents de veiller, on leur fournira des logiciels de contrôle d'accès.

L'ennui, pour les tenants de la censure, est que l'Internet est un média d'une telle puissance, d'une telle ubiquité, qu'ils n'ont les moyens ni techniques, ni médiatiques, ni politiques de tenir le coup. Un message fait le tour du monde en un clin d'œil. Et comment censurer si le contenu est hors des frontières qu'on ne peut plus fermer ?

Cet incident révélateur, salutaire, ne peut que bien se terminer. Et il nous confirme que le Web est bien la nouvelle presse à imprimer, puisqu'on essaye de lui faire subir la même censure qu'au livre à ses débuts.

Jean-Louis Gassée,
Cybersexe et culture américaine,
in *Libération*, 16 février 1996.
son adresse : jlgæbe.com

GLOSSAIRE

Adresse Internet (Adresse IP) Adresse identifiant une machine sur le réseau Internet. Cette adresse est composée de 4 octets (soit 32 bits) généralement écrits sous forme décimale, ce qui donne par exemple : 131.221.91.50.
Adresse de réseau (IP) Partie commune à l'adresse d'un ensemble de stations connectées sur un réseau physique. Exemple : 129. 88. 0.0.
Adresse électronique (E mail) Equivalent de l'adresse postale pour la messagerie électronique. Exemple : Jean-Luc Duval @imag.fr.
Analogie Un signal est dit analogique s'il peut prendre n'importe quelle valeur entre deux extrêmes (valeurs continues). Par opposition, un signal digital ou numérique ne peut prendre que quelques valeurs (discrètes) définies (par exemple deux valeurs -5V et +5V pour un signal binaire.
Anonymous Se dit des connexions réalisées avec le nom d'utilisateur *anonymous*. Par extension, désigne les serveurs de fichiers accessibles publiquement via PTP.
Archie Nom du serveur sur l'Internet qui permet de localiser des fichiers accessibles par FTP anonyme. Le serveur Archie français est archie.univ.rennes1.fr.
ARPAnet (Advanced Research Project Agency Network) Réseau à commutation de paquet qui constitue la base du réseau Internet. Ce réseau voit le jour en 1969, sous la bannière du département de la Défense américaine. ARPAnet reste une des arêtes d'Internet jusqu'en 1990, date à laquelle il est intégré au NSFnet.
ASCII (American Standard Code for Information Interchange) Système de codage des caractères alphanumériques sur 7 bits. Les alphabets européens sont représentés par des versions étendues de l'ASCII codées sur 8 bits.
ATM (Asynchronous Transfer Mode) Technique de transmission basée sur la commutation de petits paquets de longueur fixe (cellules). Le routage des cellules s'effectue au niveau matériel dans les commutateurs, ce qui permet de supporter de hauts débits (155, 622 M/bits et plus).
Bande passante Débit maximum utilisable sur une liaison («grosseur» du tuyau). Généralement donné en bits par seconde, nombres de bits que l'on peut transmettre en une seconde sur la liaison.
Bit Unité élémentaire d'information codée sous la forme de 0 ou 1. Un caractère est codé à l'aide de 8 bits.
CERN Centre européen de recherche nucléaire à Genève. Lieu où a été inventé le WWW.
Client/serveur Mode de fonctionnement des applications sur l'Internet. Une partie (client) dialogue à travers l'Internet avec une autre partie (serveur), ces deux parties étant sur deux machines différentes.
Commutation de paquet (*packet switching*) Technique de transmission dans laquelle on divise le message à transmettre en paquets. Les paquets sont envoyés et réassemblés à la réception. Cette technologie, qui sous-tend les réseaux X.25, optimise l'utilisation de la bande passante du réseau par un partage des ressources disponibles.
CompuServe Réseau informatique mondial revendiquant environ trois millions d'utilisateurs. L'accès au réseau se fait via modem en se connectant sur un des points d'accès de CompuServe. Les services offerts sont la messagerie électronique (avec passerelle vers Internet), le transfert de fichiers et les forums de discussions électroniques et l'accès Internet (Web).
Courriel La messagerie électronique est une application courante sur les réseaux locaux et grande distance (notamment Internet). Elle permet un échange asynchrone de messages texte pouvant être accompagnés d'éléments multimédias (sons, images, vidéo ou autres documents informatiques).
Cyberespace Terme de William Gibson, romancier, désignant les mondes virtuels constitués par les réseaux informatiques mondiaux.
DNS (Domain Name Server) Protocole Internet assurant la conversion entre les noms IP (par exemple cosun200.unil.ch) et les numéro IP (par exemple 130.224.33.9) des machines reliées à Internet. Ce système est basé sur l'organisation arborescente du système de nommage de machines utilisé sur Internet.
E-mail (Electronic mail) Voir courriel.
FAQ (*Frequently Asked Questions*) «Foire aux questions», document qui regroupe les questions et les réponses les plus courantes associées sur un sujet. De nombreux *newsgroups* et quelques listes de diffusion publient régulièrement des FAQs, «TOP 50» des questions posées, de manière à ce que les nouveaux participants trouvent les réponses aux questions déjà posées par d'autres.
Forum (électronique) *Newsgroup* ou liste de diffusion électronique.
FTP (File Transfert Protocol) Nom du protocole et de l'application utilisés communément sur l'Internet pour transférer des fichiers. Le serveur FTP anonyme est abusivement appelé FTP seulement.
FTP anonyme (*FTP anonymous*) Utilisation de l'application FTP pour, côté serveur, mettre à disposition des documents et côté client, y accéder librement sans mot de passe.
Gopher Système d'information distribué fonctionnant en mode client-serveur. L'accès à

l'information est structuré selon un réseau de menus multiniveaux.
Hacker A l'origine désigne une personne qui aime comprendre et utiliser les finesses techniques des programmes. Abusivement employé maintenant pour désigner aussi un «pirate» qui entre par effraction sur les machines.
HTML (HyperText Mark-up Language) Langage de balisage utilisé pour spécifier la mise en forme des documents dans le WWW, HTML est interprété par les logiciels clients comme Mosaic ou Netscape.
Hypertexte, Hyperdocument Texte comportant des mots renvoyant à d'autres textes ou parties du texte. Par extension, un système hypertexte est un logiciel capable d'afficher un tel document et de supporter le parcours non linéaire.
Hypermédia Hyperdocument comportant des éléments multimédias (image fixe, son vidéo).
Internaute Utilisateur de ressources Internet.
IPng (Internet Protocol next generation) Future version 6 du protocole IP destinée à remplacer le protocole IPv4 actuel.
IRC (*Internet Relay Chat*) Système autorisant la discussion (texte) en temps réel.
IAB (Internet Architecture Board) Conseil technique qui supervise le développement de l'Internet.
IETF (Internet Engineering Task Force) Ensemble de groupes de travail qui, en particulier, définissent les évolutions techniques (nouveaux standards) de l'Internet.
Internet Protocol (IP) Protocole de communication utilisé par toutes les stations sur l'Internet.
Listserv Terme maintenant générique pour désigner un logiciel serveur de liste de diffusion.
Minitel Marque du terminal d'accès au réseau vidoétex français (Télétel) géré par France Telecom.
Modem (modulateur-memodulateur) Equipement capable de convertir un signal numérique en signal analogique à modulation de fréquence (et vice versa) utilisé pour permettre aux ordinateurs de communiquer par l'intermédiaire du réseau téléphonique.
Mosaic Nom d'un logiciel client Web développé au NCSA et qui fut sans aucun doute à l'origine du succès de www.
NCSA (National Center for Supercomputing Applications) Centre informatique de l'université de l'Illinois qui a conçu et diffusé différents logiciels du domaine public comme Mosaic et NCSA Telnet.
Netscape Logiciel de navigation avec les mêmes fonctionnalités que Mosaic. Il existe une version pour les plates-formes PC, Macintosh et Unix.
News Système de discussion asynchrone distribué permettant d'échanger des informations dans des *newsgroups* particuliers.
Newgroup Désigne un des groupes de discussion thématique sur Usenet. Les *newsgroups* sont organisés suivant une structure thématique hiérarchisée.
NII (National Information Infrastructure) Projet de création d'un vaste réseau très haut débit aux Etats-Unis pour la recherche, l'éducation et l'économie.
NSFnet (National Science Foundation Network) Dorsale du réseau Internet aux Etats-Unis entre 1986 et 1995. Aujourd'hui, ce réseau a été remplacé par une interconnexion de grands réseaux américains.
Opérateur Entité qui fait fonctionner certains équipements de communication d'un réseau.
PGP (*Pretty Good Privacy*) Logiciel de cryptage asymétrique à clé publique capable d'assurer confidentialité et authenticité aux communications électroniques.
RENATER Réseau national de télécommunication pour l'enseignement et la recherche (en France). Interconnecte plus de 300 sites (principalement des campus universitaires et laboratoires de recherche).
Serveur Machine ou logiciel qui offre des services à un client consommateur (utilisateur, machine ou logiciel). Exemple : ftpd est un logiciel serveur.
SMTP (Simple Mail Transfer Protocol) Protocole utilisé pour la messagerie électronique sur l'Internet.
TCP (Transport Control Protocol) Un des protocoles de communication utilisé avec IP sur l'Internet.
Telnet Protocole et application utilisé sur l'Internet pour se connecter à distance sur une station et y travailler comme depuis un terminal local. Cette fonction est aussi appelée *remote login* ou terminal virtuel.
Unix Marque d'un système d'exploitation multitâche et multi-utilisateur très répandu dans le domaine scientifique.
UUCP (Unix-to-Unix Copy) Programme permettant d'échanger des fichiers entre une machine Unix et une autre.
Veronica Service qui permet de trouver des documents sur l'ensemble des serveurs Gopher (similaire à Archie pour FTP).
Vidéotex Système permettant de diffuser des informations textuelles utilisant le réseau téléphonique. L'utilisateur vidéotex se connecte au réseau en utilisant un terminal spécifique (le Minitel en France) ou un micro-ordinateur équipé d'un modem et d'un logiciel d'émulation de terminal.
WWW (World Wide Web ou W^3) : système hypermédia distribué développé au CERN, basé sur une architecture client-serveur et permet de mettre à disposition des documents hypertextes. La convivialité des logiciels client WWW comme Mosaic a propulsé le Web comme outil universel d'accès aux ressources Internet.

BIBLIOGRAPHIE

Ouvrages généraux

De nombreux ouvrages ont été conçus pour aider les utilisateurs d'Internet. En ce qui concerne les ouvrages en anglais, de loin les plus nombreux, on peut consulter, sur l'Internet, le document suivant : *An Unofficial List of Internet Books*.

- Balpe, J.-P., *Hyperdocuments, hypertextes, hypermédias*, Eyrolles, Paris, 1990.
- Benedikt, M. (sous la responsabilité de), *Cyberspace. First Steps*, M.I.T. Press, Cambridge, Massachusetts, 1991.
- Berardi, Fr., *Mutazione e Cyberpunk*, Costa & Nolan, Gênes, 1994.
- Bolter, D. J., *Writing Space. The Computer, Hypertext, and the History of Writing*, Lawrence Erlbaum Associates, Hillsdale, N.J., 1991.
- Breton, Ph., Proulx, S., *L'Explosion de la communication. La Naissance d'une nouvelle idéologie*, La Découverte-Boréal, Paris/Montréal, 1989.
- Breton, Ph., *L'Utopie de la communication. Le mythe du «village planétaire»*, nouvelle édition augmentée, La Découverte, Paris, 1995.
- Dufour, A., *Internet*, PUF, coll. «Que sais-je?», Paris, 1995.
- Goody, J., *La Logique de l'écriture aux origines des sociétés humaines*, Armand Colin, Paris, 1986.
- Havelock, E. A., *Aux origines de la civilisation écrite en Occident*, Maspero, Paris, 1981.
- Heim, M., *The Metaphysics of Virtual Reality*, Oxford University Press, Oxford, 1993.
- Huitema, Chr., *Et Dieu créa l'Internet...*, Eyrolles, Paris, 1995.
- Lanham, R. A., *The Electronic Word : Democracy, Technology and the Arts*, University of Chicago Press, Chicago, 1993.
- Laurel, Br., *Computers as Theatre*, Addison-Wesley, Reading, Massachusetts, 1991.
- Lévy, P., *L'Intelligence collective. Pour une anthropologie du cyberspace*, La Découverte, Paris, 1995.
- Lévy, P., *Qu'est-ce que le virtuel?*, La Découverte, Paris, 1995.
- Libois, L.-J., *Genèse et croissance des télécommunications*, Masson, Paris, 1983.
- Marchand, M., *La Grande Aventure du Minitel*, Larousse, Paris, 1987.
- Rheingold, H., *The Virtual Community. Homesteading on the Electronic Frontier*, Addison-Wesley, Reading, Massachusetts, 1993.
- Rosnay, J. de, *L'Homme symbiotique*, Seuil, Paris, 1995.
- Scheer, L., *La Démocratie virtuelle*, Flammarion, Paris, 1995.
- Sfez, L., *Critique de la communication*, Seuil, Paris, 1988.
- Turkle, Sh., *Life on the Screen : Identity in the Age of the Internet*, Simon and Schuster, New York, 1995.

Deux histoires de l'Internet disponibles sous forme numérisée

- Hardy, H. E., *The History of the Net*, mémoire de maîtrise.
ftp : //umcc.umich.edu/pub/users/seraphim/doc/nethist8.txt
- Hauben, M., *Netizens : On the History and Impact of Usenet and the Internet*.
http : //www.columbia.edu/~hauben/netbook

Sites intéressants à consulter

En France :
- Le site de RENATER est incontournable.
http : //www.urec.fr.
- Deux sites offrent une série précieuse de renseignements sur tous les aspects de l'Internet :
http : //www.imaginet.fr.80/ime
http : //www.loria.fr/~charoy/ToileInternet/ text.html
Ce dernier site est une adaptation française de l'excellent site de John December (le coauteur d'un guide remarquable intitulé *The Web Unleased*).

Aux Etats-Unis :
- Le site original de John December se trouve à http : //www.rpi.edu/Internet/Guides/decemj/ text.html
- Le site de l'Internet Society contient beaucoup de renseignements utiles, en particulier à l'adresse suivante : http : //info.isoc.org/guest/ Zakon/Internet
- Voir aussi http : //galaxy.einet.net/galaxy/reference-and-Interdisciplinary-Information/Internet-and-Networking.html

Romans de science-fiction reliés au développement des réseaux de communication

- Brin, D., *Earth*, Bantam Doubleday Dell, Bantam Books, 1990.
- Gibson, W., *Neuromancer*, Berkley Publishing Group, Ace Books, New York, 1984. Trad. française, *Neuromancien* par Jean Bonnefoy, Flammarion, «J'ai lu», Paris, 1994. (Ce roman est le premier d'une trilogie qui compte également *Count Zero* (1986) et *Mona Lisa Overdrive* (1988).)
- Piercy, M., *He, She and It*, Random House, Ballantine Books, New York, 1991.
- Stephenson, N., *Snow Crash*, Bantam Doubleday dell, Bantam Books, New York, 1992.
- Sterling, B., *Islands in the Net*, Berkeley Publishing Books, Ace Books, 1988.

Revues

De nombreuses revues, de qualité inégale, suivent les nouvelles de l'Internet, l'auteur recommande le magazine américain *Wired* (San Francisco).

Adresse Internet de l'auteur :
guedon@ere.u. montreal.ca
Gallimard sur Internet : http : //www.gallimard.fr

TABLE DES ILLUSTRATIONS

protocole Internet, IP. © Infographie *Libération*.
41h Robert Kahn lors d'une démonstration ARPAnet en 1972.
42h Ingénieurs au travail sur un ordinateur SDS Sigma 7, années 1970.
42-43h Ordinateurs SDS Timesharing Sigma 7, vers 1968.
43h Premier logo de la compagnie Apple, in *Silicon Valley* de Paul Freiberger et Michael Swaine, Mc Graw Hill, 1984. © Apple.
43b Ingénieur travaillant sur un ordinateur PDP 10, années 1970.
44 Opératrice travaillant sur le réseau privé utilisé pour la réservation des billets internationaux Air France Univac, vers 1968. Musée Air France.
45m Logo de AT&T «on line». © AT&T, 1995. A droite, portrait de Mike Lesk, photo «on line».
45b Publicité pour les ordinateurs Unix-AT&T fonctionnant sous système Unix. © AT&T, 1995.
46m Logo de la National Science Foundation «on line». © NSF.
46b Logo et carte du réseau Bitnet. © CREN, Washington D.C.
47 Courbe de croissance des différents réseaux de 1969 à 1995, dessin MIDS, Austin, Texas. © MIDS, 1995.
48-49h Rotonde d'entrée du logiciel CompuServe, page «on line». © CompuServe, 1996.
48b Logo et page d'entrée du logiciel Prodigy, page «on line». © Prodigy, 1996.

CHAPITRE IV

50h Page Archie «on line».
50m *Electronic Telegraph Journal* créé pour Internet «on line», l'incendie de la Fenice à Venise, janvier 1996.
50m Logo «on line» du World Wide Web.
50b Vue générale du CERN, Genève.
50b Page «on line» de la Maison Blanche, Washington.
51 Logo de l'Internet Society «on line», 1995.
52 Graphique démontrant le principe du SMTP, transfert de courrier, sur l'Internet. © Infographie *Libération*.
53h En fond, page et graphique sur le FTP. © Infographie *Libération*.
53b Graphique de la fonction Telnet. © Infographie *Libération*.
54h Extrait de la bande dessinée américaine *Archie* de B. Montana. © Archie Comics Inc.
54m Portrait de Peter Deutsch à moto «on line». © Bunyip Information Systems.
55bg Page du catalogue Archie.
55bd Logo de Bunyip Information Systems.
56-57h Le Gopher, emblème de l'université du Minnesota.
56b Graphique des ramifications du réseau de l'Internet. © Infographie *Libération*.
57b Graphique de la structure en étoile du Minitel. © Infographie *Libération*.
58-59h Pages de l'*Encyclopédie* de Diderot et d'Alembert, chapitre «Chymie», exemple de renvoi aux planches illustrées et au texte. Bibliothèque du château de Versailles.
59m De haut en bas : portrait de Tim Berners-Lee, logo du CERN (Genève) et portrait de Robert Cailliau.
60hg Page d'ouverture du World Wide Web «on line».
60-61m Articles sur la santé au XIXe siècle, exemple d'hypertextes à partir d'un texte de Charles Dickens, mis en place par l'université Brown, Rhode Island.
62h Logo du feuilleteur Java. © Java, 1996. Le logo Java et le logo Sun sont des modèles déposés de Sun Microsystemes aux Etats-Unis et dans les autres pays.
62m Logo de la compagnie Sun. © Sun, 1996.
62b Courbe de croissance du nombre de bytes utilisés sur le WWW entre 1993 et 2000 «on line».
63h Page Web d'accueil du logiciel Netscape «on line». © Netscape, 1996.
63b Dessin humoristique de Zakour sur WWW «on line». © Prodigy, 1995.

CHAPITRE V

64 Différentes pages d'ouverture sur Internet Images «on line» : Electronic Telegraph, Le Vatican, AUPELF-UREF, Bénin Contact, Library of Congress, Washington, logo de la revue de recherche *Surfaces*, logo des Webs d'or «on line», 1995, présentation du CD-ROM Encarta. © Microsoft, 1996.
65 «Où nous mène le virtuel!», jeune femme équipée de lunettes virtuelles et de *datagloves*.
66 Interview du président Izetbegovic sur le serveur de Sarajevo. © World Media/ Oslobodenje.
67h Les News : liste de discussion sur l'Internet.
67m Page de l'*Electronic Telegraph*, quotidien «on line», sur les événements gréco-turcs, février 1996.
66-67 «Smileys on line».
68h MOO en espagnol de *Mundo Hispano*, page d'accueil «on line», 1995.
68-69h Clients dans un cybercafé à New York.
69h Le MOO de Cardiff en Grande-Bretagne «on line» et lunettes virtuelles.
69b Dessin humoristique de Zakour sur WWW «on line». © Prodigy, 1995.
70h Logo de la revue de recherche de l'université de Montréal *Surfaces*, 1995.
70b Portrait de James O'Connell, instigateur du séminaire sur saint Augustin «on line», université de Pennsylvanie. Photo Tommy Leonardi.
71h Page d'accueil sur l'Internet de la librairie Gallimard au Canada, 1995.
71m Logo de RENATER II et carte illustrant les différents centres de recherche et universités en Ile-de-France relié par RENATER.
72 Publicité «on line» canadienne pour commander du sirop d'érable du Québec.
73h Publicité des Trois Suisses annonçant la création du serveur Web Trois Suisses, juin 1995. © Trois Suisses, 1995.
73m Publicité «on line» italienne pour commander des bijoux vénitiens.
73b Publicité «on line» italienne pour commander des vêtements par téléphone.

CHAPITRE VI

74 La planète Internet, 1995. Photo Ch. Zachariasen.
75 Logo du mouvement anti-Clipper «on line».
76-77h Page d'accueil de Greenpeace «on line».

TÉMOIGNAGES ET DOCUMENTS

INDEX

A - B

CRÉDITS PHOTOGRAPHIQUES

Ambassade de France à Ottawa 114. Apple 43h. Archie Comics Publications 54h. Archives France Telecom 31b. ARPA 35. Artephot 30b. AUPELF/UREF 92-93h. AT&T, 1995 45m, 45b. BBN 37m, 37b. Bitnet 46b. Bruno Oudet 78b. Bunyip Information Systems 54m, 55bg, 55bd. Canal + 104, 107. CERN 59d. Charles Babbage Institute, University of Minnesota, MIT Museum, Cambridge 39h, 38-39m, 39b, 42h, 43h. Christophe L. 13h, 22, 38b. Clonys-RENATER 18, 20-21h, 30-31h, 80-81b. Collection historique des Télécommunications 32-33b. Collection personnelle Monsieur et Madame Cerf 40h, 100-101. Collection personnelle Robert Kahn 41h. Collection personnelle Jacques Prévot/RENATER 108. CompuServe 48-49h. Cosmos/SPL 18, 23h, 23b, 59h, 59b, 60hg, 65, 95m. Cosmos/Matrix/Louie Psihoyos 102. Dan Kottke 43h. DARPA 35. DR 62b, 77b, 72, 73m, 73b. Electronic Telegraph 34, 64, 67. Encyclopédie Universalis 19, 28h. Eurelios/Plailly 10. Fidonet 76b. Films du Carrosse 79m. Fondation Barnes 28-29b. Fotogram Stone 4-5, 7. France-Télécom 16h, 17b, 110h, 110b, 111. Gallimard Jeunesse 4e plat haut. Gaumont 15h. Steven Goldstein 91h. Greenpeace 76-77h. Hoa-Qui 12-13h. IBM 34h-b. Image Bank 1er plat, 4e plat bas, 1, 2-3, 97. INA 113. Infographie *Libération* 20b, 21b, 22m, 32-33h, 40m, 52, 53h, 53b, 56b, 57b, 78-79h. Internet Society 51, 88-89h. Java 62h. Keystone 15b. Magnum/Abbas 82h. Magnum/Halsman 36h. Magnum/Pinkhassov 83b. Microsoft, 1995 29h, 64. MIDS, 1995 47. Paul Mockapetris 95b. Musée Air France, Paris 44m. Musée de la Poste 17h. Netscape 63h. New Line Productions, 1995 document SFX 24-25. *New York Times* 82m. NII, 1996 11. NSF 46h. ONERA 80b. Pix dos, 6. Prodigy 48b, 63m, 69b. REA 8-9. Relcom 83m. RENATER II 71m, 78-79h, 113. Scala 14m. Sipa/Strong 68-69h. Sun 62m. Sygma/Atlan 90-91. Sygma/Compoint 86h. Sygma/Pitchal 27b. Sygma/Ruet 117. Sygma/Zachariasen 74. Tommy Leonardi 70b. Trois Suisses 73h. Université de Minnesota, Minneapolis 56h, 57h. World Wide Web 64. White House 50. World Media/Oslobodenje 66.

REMERCIEMENTS

L'auteur et l'éditeur tiennent à remercier plus particulièrement les personnes et les entreprises suivantes : M. Bayard (Trois Suisses), Tim Berners-Lee, Paule du Bouchet, Bruce Bruemmer (Charles Babbage Institute), Vinton et Sigrid Cerf, Jim Conklin, Michel Deverge (Ambassade de France à Ottawa), Peter Deutsch (Bunyip), Valerie Eames Minard (MIT Media Laboratory), Don Foresta, Steven Goldstein (National Science Foundation), Linda Harasim (Université Simon Fraser, Burnaby), Bob Hicks et Ellen Thayer (Université du Minnesota, Minneapolis), Claude Hirtz (Palimpseste), Joan Irons et Catherine Miller (BBN), Stéphane Jungers (Infographie *Libération*), Robert E. Kahn, Alain Le Diberder, Alain Burosse, Catherine Ginisty, Marie-Annick Guesnon, Frédéric Chesneau (Canal +), Jim O'Donnell (Université de Pennsylvanie, Philadelphie), Paul Mockapetris (IETW), Bruno Oudet (Ambassade de France à Washington), Judy Pollack (AT&T Archives), Jacques Prévot (RENATER), Rolf Puls (Editions Gallimard, Montréal), John S. Quaterman (Matrix Maps Quaterly and Matrix News), Raoul Russo (Luciphore), Mme Saulnier (France Telecom), Dawn Stanford (IBM Archives), Eric Thomas, M. Tournu (Conseil régional de Bourgogne), Michael Yates (MIT Museum), M. Zeyons et Michel Graves (ONERA), Electronic Frontier Foundation, l'Internet Society, Kapor Enterprises Inc.
L'auteur remercie l'équipe Découvertes, en particulier Elisabeth, Paule, Nathalie, François, Vincent, Savina et Kiuston.

ÉDITION ET FABRICATION

DÉCOUVERTES GALLIMARD
DIRECTION : Pierre Marchand et Elisabeth de Farcy.
GRAPHISME : Alain Gouessant. FABRICATION : Violaine Grare.
PRESSE ET PROMOTION : Valérie Tolstoï.
LA PLANÈTE CYBER
EDITION : Nathalie Reyss.
MAQUETTE : Vincent Lever (Corpus) et Dominique Guillaumin (Témoignages et Documents).
ICONOGRAPHIE : Kiuston Hallé et Savina de Lencquesaing.
INFOGRAPHIE : *Libération*.
LECTURE-CORRECTION : François Boisivon et Jocelyne Marziou.
PHOTOGRAVURE : Arc-en-Ciel.

Table des matières